比較法学入門

貝瀬幸雄（著）

日本評論社

はしがき

　「日本の文化は根本から雑種である、という事実を直視して、それを踏まえることを避け、観念的にそれを純粋化しようとする運動は、近代主義にせよ国家主義にせよいずれ枝葉のかり込み作業以上のものではない。いずれにしてもその動機は純粋種に対する劣等感であり、およそ何事につけても劣等感から出発してほんとうの問題を捉えることはできないのである。ほんとうの問題は、文化の雑種性そのものに積極的な意味をみとめ、それをそのまま活かしてゆくときにどういう可能性があるかということであろう」

　　　　　　　　　　——加藤周一「日本文化の雑種性」（1955 年）

　「全ての国家はコスモポリタン的であるという結論は、単なる宣言ではない。この結論は、国民国家はこれまで存在しなかったという経験的事実にもとづいている（将来も決して存在しないであろう、と付け加えてもさしつかえあるまい）。それゆえ、全ての国家はコスモポリタン的なのである。これは、『国民国家』という表現をいつも用いている者には驚きであろうが、国民ないし同質的な人々の集団が、国家の法的および政治的構造と一致ないしオーヴァーラップするということは、これまでどこにおいても決して生じてこなかったのである。その理念の基本的にロマンティックな性質がいまや承認されつつあり、近時世界史の重要な研究書が、『国民国家は、均一の住民を創造したり、横断的な忠誠を消し去るほど排除、追放、同化を行ったりすることは決してできなかった』と結論づけている。マイノリティの問題はグローバルなものである。さらに、その住民と同様に、国家の法もコスモポリタン的なものである。法的コスモポリタニズムの主な手段は、普通法、立憲主義（constitutionalism）、そして私が制度的コスモポリタニズム（institutional cosmopolitanism）と述べたものである」

　　　　　　── Patrick Glenn, The Cosmopolitan State（2013）vii-viii.

　本書は、現代比較法学の最高水準をしめすマティアス・ライマン／ラインハルト・ツィンマーマン共編の『オックスフォード比較法ハンドブック』（2006年）などを活用しつつ、比較法学原論（総論）の重点的な分析をこころみた「序説」（Advanced Introduction）である（なお、前掲『ハンドブック』の第2版が2019年に刊行されるが、その内容は別途紹介したいと考えている）。本書の原型の長編「比較法学者たちの饗宴」は、立教大学法務研究科（法科大学院）の紀要である「立教法務研究」に4回にわたって連載されたが（同3・5・8・10号〔2010年〜2017年〕）、今回テキストブックとしてまとめるにあたり、全体を大幅に圧縮するとともに、叙述の順序を変更した。ただし、比較法と法源、比較法言語学、比較法と宗教など、新たに加筆した部分もある。末尾の杉山直治郎論は、貝瀬『普遍比較学の復権』（2008年）の第Ⅳ論文の一部を収録した。「比較法学者たちの饗宴」と並行して連載された、その各論（比較訴訟法史）に相当する長編「歴史叙述としての民事訴訟」（立教法務研究6・7・8・9・10号〔2013年〜2019年〕）も、あわせてご参照いただければ幸いである。本書が比較法の哲学であるとすれば、こちらは比較法の歴史学である。

　本書は、1　比較法の意義・目的（機能）・方法を論ずる「比較法学序説」、2「法族・法系・法伝統・法移植」論（混合法論もここで扱う）、3「グローバル比較法」論、4「世界における比較法学の発展」の全4部から構成される。「グローバル比較法」の章では、宗教法伝統、サブ・サハラ法伝統、東アジア法伝統へのアプローチについても簡略ながら言及しており、各法族の分類を多面的に検討した第2部との併読をお勧めしたい。ただし、本書は網羅的な概説書ではないため、比較法と「法と経済学」のテーマや、ピエール・ルグランに代表される先端的な比較法文化論にはほとんど言及していない。また、ウヴェ・キッシェル（Uwe Kischel）の「コンテクスト比較法」の位置づけも極めて不十分である。いずれも今後の研鑽に委ねる他ない。

　本書および前掲「歴史叙述としての民事訴訟」の内容は、立教大学法務研究科で例年講じている「比較法原論」──および2018年から法学部で担当

している「比較法」講義——のなかで徐々に醸成されてきたもので、その構想の起点は東京大学大学院総合文化研究科における「国際社会科学特別講義」の講義ノートにある。講義のきっかけを与えてくださった早川眞一郎教授に深く感謝したい。また、わが国比較法学の第一人者であられた故五十嵐清先生は、私がお送りした抜き刷りに対して懇切なコメントを返してくださった。先生の晩年のことであり、その学問的情熱には大いに励まされた。

法科大学院の少人数講義では、原型となった論稿の抜き刷りを教科書代わりに配布していたところ、学部講義では聴講者が数百人にのぼり、法学入門としての役割も果たす必要を感じたため、このような小冊子を新たに書き下ろした次第である。本書では、比較法教育について特に論じてはいないが、「比較法の将来は、法学教育のごく初期の段階にこの科目を導入できるかどうかにかかっている」(シュヴェンツアー)との指摘がある(そのほか、J. Husa, Comparative Law in Legal Education —— Building a Legal Mind for a Transnational World, 52 The Law Teacher 201 (2018))。本書の性質上、文献の引用は最小限にとどめているため、詳細は原論文を御参照いただきたい。

本書の基礎となった諸論稿の一部は、筆者の研究休暇中に執筆された。貴重な研究の機会をいただいた法務研究科の諸先生に厚く御礼申し上げる。困難な出版事情の中で本書の刊行を承諾していただいた日本評論社および本書の編集を担当された法律編集部長中野芳明氏にも心から謝意を表したい。小冊子ではあるが、『普遍比較法学の復権』に続く私の第六番目の著作である。

2019 年 1 月

著者

比較法学入門
目次

はしがき　i

序　比較法とヒューマニズム……………………………1

 1　ある講演　1
 2　比較法とヒューマニズム　1

第1部　比較法学序説─────────3

第1章　比較法の意義……………………………3

Ⅰ　概念規定のこころみ　3

 1　比較法の定義　3
 2　古典的比較法学への批判　6
 3　比較法学の役割　6
 4　比較の意義　8

Ⅱ　隣接諸分野との関係　9

 1　はじめに　9
 2　比較法と法社会学　9
 3　比較法と法文化論（比較法文化論）　12
 4　比較法言語学　15
 5　マクロ比較法・外国法研究・法史学　17

第2章　比較法の目的および機能 ……………………………20

Ⅰ　序論　20

Ⅱ　比較法の理論的目的　21

　1　法的認識の深化・視野の拡大　21
　2　法発展の予測　22
　3　共通法の発見　22
　4　法の一般理論　23
　5　文化的寛容　25
　6　新たな学問分野　25

Ⅲ　比較法の実務的目的　26

　1　立法への寄与　26
　2　比較法的解釈方法　27
　3　国際私法と比較法　29
　4　法のハーモナイゼーション　31

Ⅳ　比較法と法源論　33

　1　法源論の重要性　33
　2　比較法学における法源　35

第3章　比較法の方法 ……………………………37

Ⅰ　序論——機能的比較法について　37

Ⅱ　比較の三段階モデル——コンスタンティネスコの「比較法の方法」　39

　1　三段階の比較方法　39
　2　認識・理解・比較・評価　40

Ⅲ　比較法方法論の多元性（methodological pluralism）について　42

　1　機能の意義　42

2　アプローチの多様性　43
　　3　ポストモダン比較法　44
　　4　方法論的多元主義とその批判　46

第2部　法族・法系・法伝統・法移植 ―――――――――― 49

第1章　序論――古典的法族論の意義 ……………………… 49
　　1　法族論の効用と批判　49
　　2　今後の展望　51

第2章　ルネ・ダヴィッドの法族論と歴史記述 ………… 51
　　1　総説　51
　　2　法族形成の歴史　53
　　3　法構造と法源　58
　　4　法族論の精神史　61

第3章　法族論の新たなアプローチ――法伝統論を中心に ……… 63
　　1　法の三類型論　63
　　2　比較法文化論と法族　68
　　3　グレンの法伝統論　71
　　4　系図的アプローチ　75
　　5　新たなマクロの比較　76
　　6　法族論の限界　80

第4章　法の継受と移植（transplants）……………… 83
　　1　総説　83
　　2　移植／継受の実例　84
　　3　移植／継受の原因　86

4　移植／継受による法的変化　88
　　5　法文化と法移植　89

第5章　混合法論 ……………………………………96

　　1　前史　96
　　2　第三の法族論　97
　　3　エリュジューの混合法論　99
　　4　比較法学と混合法　105

第6章　展望 ……………………………………………107

　　1　法族論の存在意義　107
　　2　新たなアプローチの成果と日本法の位置づけ　108
　　3　法族論の将来　111

第3部　グローバル比較法 ―――――――――――115

第1章　グローバリゼーションと比較法 ……………115

　　1　グローバリゼーションの意義　115
　　2　比較法学への影響　116
　　3　グローバルな法多元主義　118

第2章　『グローバルなコンテクストにおける比較法』
　　　　　　　　　　　　　　　　　　　（メンスキー）……119

　　1　メンスキーの基礎理論　119
　　2　ヒンドゥー法史入門　122
　　3　メンスキーへの評価　125

第3章　比較法と宗教（法）··126

1　宗教法の研究史　126
2　マイケルズのポスト世俗的比較法　128
3　イスラーム法瞥見　133

第4章　サブ・サハラ法伝統論··136

1　比較法学とアフリカ法　136
2　アフリカ法の共通性　138
3　アフリカ慣習法　139

第5章　ルスコラの東アジア法伝統論·····································142

1　総説　142
2　東アジア法伝統　143
3　東アジア万民法　145
4　東アジア法伝統の終焉　146
5　五十嵐清の東アジア法族論　147
6　法的オリエンタリズム論　148
7　まとめ　151

第4部　世界における比較法学の発展────────── 153

第1章　序言··153

1　構想　153
2　ナポレオン法典前の比較法　153
3　編別　154

第2章　フランスにおける比較法の発展·····························154

1　比較法の興隆　154

2　ベル・エポック　155
　　3　比較法学の衰退　156
　　4　新たなルネッサンス　156

第3章　ドイツにおける比較法の発展　…………………………157

　　1　叙述のプラン　157
　　2　エルンスト・ラーベル　158
　　3　ナチズムの時代　158
　　4　比較法の復興　158
　　5　法のハーモナイゼーションと比較法　159

第4章　イタリアにおける比較法の発展　…………………………160

　　1　継受の法文化　160
　　2　現代比較法学史　161
　　3　イタリア比較法学の現況　162

第5章　大英国（Great Britain）における比較法の発展　…………163

　　1　比較法学の発生　163
　　2　大英帝国の発展　164
　　3　比較法学のパイオニアたち　165
　　4　大英帝国の終焉と学問的・制度的遺産　166
　　5　新たな展開　166

第6章　アメリカにおける比較法の発展　…………………………167

　　1　はじめに　167
　　2　形成期　167
　　3　ドイツ歴史法学派の影響　168
　　4　比較法の組織化　168
　　5　現代史　169

第7章　中欧および東欧における比較法の発展……………170

1　はじめに　170
2　共産主義の時代　171
3　共産主義の崩壊　172
4　比較法の将来　172

第8章　ラテン・アメリカにおける比較法の発展………………173

1　はじめに　173
2　植民地時代　173
3　法典化と比較法　173
4　現代史　174

第9章　日本比較法学史の一齣──杉山直治郎の普遍比較法学……175

1　総説　175
2　（人類連帯的）平和の比較法学　176
3　比較法の方法　177
4　比較世界法学の体系　177
5　比較法的解釈方法　178
6　各論的研究　179
7　比較法研究所の構想　180
8　比較法の定義　180

事項索引　183

人名索引　192

序　比較法とヒューマニズム

1　ある講演

　「アメリカ国際私法および比較法学界が生んだ今世紀（20世紀）最大の巨頭の一人」であり、「ヒューマニズムの伝統と精神とから、異なった法文化の架け橋たらんとした」と評されるヘッセル・エドワード・アインテマ（Hessel Edward Yntema〔1891-1966〕）は、1958年8月4日の第5回比較法国際会議開会式において、「比較法とヒューマニズム」と題する議長講演を行った。巨匠晩年の円熟した内容の名品といえよう。

　この講演でアインテマは、「近代文化発展の歴史において、法学と人文主義・ヒューマニズムとは分かちがたく結びついてきた」、「法学研究を中核とする人文主義（ヒューマニステック）運動は、西洋文明の発達に大きく貢献した」とし、「普遍的な支配を求めるローマの要請を投影した──権威と理性にもとづく──法制度において、このようにして形成された同質的な知は、正義の補充的な原理としての普通法の基盤となった。こうした法理論の中核は、実際には学識ある法曹による比較研究を通じて作り上げられたのである」と、説明している。

2　比較法とヒューマニズム

　アインテマによれば、「確かに比較法の当面の目的は、しばしば功利的なものであった。新たな立法をするよりも、外国の成功した立法のモデルを模倣する方が、はるかに容易である。さらに、国際私法のような渉外実務では

---

1)　ローソン（小堀＝真田＝長内訳）『英米法とヨーロッパ大陸法』（中央大学出版部、1971年）251頁の、アインテマに関する詳細な訳注および15Am. J. Comp. L. 3 による。ローソンの同書にアインテマは長文の「序」を寄せている。アインテマについては、五十嵐清『比較法学の歴史と理論』（一粒社、1977年）132-133頁、Reimann, "Hessel E. Yntema", in: R. Newman（ed.）, The Yale Biographical Dictionary of American Law（Yale U. P., 2009）.
2)　Yntema, Comparative Law and Humanism, 7Am. J. Comp. L. 493（1958）.

外国法制のいくばくかの知識が不可欠である。しかし、このような実務的考慮ですら、特定の法体系しか知らないと、偏ったものの見方をするようになる、法の本質的原理は国境を越える、法学は狂信的孤立主義を認めない、という認識を反映している。法学は、何世紀にもわたって普通法の伝統の中にあらわれてきた普遍的正義、自然法および世界法［諸国民の法］(a law of nature and of nations) というヒューマニスティックな観念を取り入れている。この伝統を存続させつつ、比較法研究は、歴史現象の客観的観察を通じて、法と正義に関する人類の経験に共通の要素を、合理的な表現で確定し定式化しようとする。比較法の本来の研究対象は人間なのである[3]」。

アインテマにとって、比較法とは、たんに外国法の知識を教えるカリキュラムではなく、実証主義的なケース・ロー中心の閉鎖的な職業教育をヒューマナイズする（人間的なものにする）ための酵素（ferment）であった[4]。

アインテマは、「比較法研究──『洞窟から外をみること』についての若干の見解」という論考において、プラトンの洞窟の比喩（プラトン『国家』第7巻第1章以下）を援用し、アメリカの法学教育は洞窟の壁にうつる影を見ているようなものではないか、と厳しく批評している[5]。比較法の研究および教育の要諦は、ヒューマニズムにあるということになろう。

---

3) 以上は、Id, 493-498.
4) Zweigert, Hessel E. Yntema (1891-1966), 15Am. J. Com. L. 15, 16 (1967).
5) Yntema, Comparative Legal Research: Some Remarks on "Looking out of the Cave", 51Mich. L. Rev. 899 (1956).

第1部　比較法学序説

第1章　比較法の意義

I　概念規定のこころみ

1　比較法の定義

(1)　比較法（学）とは何か。わが国および欧米の代表的概論書を中心に概念規定のこころみを紹介してみよう。

［例1］「比較法とは、種々の法秩序をそれぞれの精神と様式において関連づけること（マクロの比較）、あるいは種々の法秩序における比較可能な法制度ないし比較可能な問題解決を関連づけること（ミクロの比較）である」。「比較によって得られた結果に対する批判的評価は、比較法研究の必要不可欠な一部をなしている」。「努力の目標とさるべきものは、真に国際的に実施される比較法であり、これこそ普遍的法学に対する基礎を準備するものとなるであろう。……比較法は、何よりもまず法学の認識方法であり、具体的な法発見の方法ではない」（ツヴァイゲルト／ケッツ）[1]。

［例2］「比較法とは、種々の法体系における法制度または法の機能を比較することを目的とする学問である。比較とは、(1)まず第一に、比較されるも

第1章の注
[1]　ツヴァイゲルト／ケッツ（大木雅夫訳）『比較法概論（上）』（東京大学出版会、1974年）8頁、72-74頁。

のの間に存する類似点と相違点をあきらかにすることであり、(2)つぎに、その類似点と相違点の生ずる原因を明らかにすることである。(3)さらに近時の有力な見解によると、相違点の存する場合は、どちらがよりすぐれているかについて評価することも必要であるとされる」（五十嵐清[2]）。

　［例3］比較法はコスモポリタンな学問（a cosmopolitan discipline）であり、「比較法とは、多様な社会的および地理的なコンテクストにおいて出現する法現象を観察することにより獲得される、法についての『普遍性』を有しうる知識（potentially "universal" knowledge about the law）の集合体である」、「比較法が科学か方法かという初期の論争は今ではペダンティックで的外れなものであり、単一の比較法の方法があるのではなく、与えられた比較プロジェクトの異なった目標に応じて極めて多様な比較法の諸方法が存在するのである」（シュレジンジャー他[3]）。

　(2)　［例1］を出発点とするツヴァイゲルト／ケッツの概論書の主要部分は、マクロの比較としての法圏論・法族論──世界の法秩序を少数の大きなグループに分類すること──を展開する。［例1］に含まれる「様式」（Stile）という独自の概念は、ツヴァイゲルトの法圏論にとって重要な基準である。

　ツヴァイゲルトは、個々の法秩序とそれらの法秩序からなるグループ全体は、それぞれ一定の「様式」を有しているとし、その様式構成要素として次のものをあげる。すなわち、①法秩序の歴史的発展、②その法秩序における支配的で特殊な法学的思考方法、③様式形成的な力を認めてよいほど特徴的な法的諸制度（コモン・ローにおける信託など）、④法源の種類とその解釈方法（たとえば、制定法と判例法との対立）、⑤イデオロギー的諸要因（宗教法およびかつての社会主義的法理論）、である。各法秩序の精神とこれらの様式に従って（マクロの）比較が行われる。

　ツヴァイゲルトは、法学という言葉が社会的紛争の防止と解決のためのモデルの探求をも意味するならば、学問的方法としての比較法の重要性は明らかである、比較法は国際的な法学への道を進んでいる、と説く。独自の方法

---

2)　五十嵐清『民法と比較法』（一粒社、1984年）1頁、同『比較法ハンドブック〔第2版〕』（勁草書房、2015年）1頁。
3)　Mattei/Ruskola/Gidi, Schlesinger's Comparative Law（Foundation P., 7th ed., 2009）7, 48.

を有する法学の一分野として比較法学を位置づけるのである。

　ただし、ツヴァイゲルトの「様式」は、特殊な法学的思考方法・特殊な法的諸制度・イデオロギー的諸要因など、法秩序の「精神」とオーヴァーラップする曖昧な概念であって、このような芸術史上の概念を強いて転用する必要性に乏しいであろう。[4]

　(3)　[例2]を提唱する五十嵐清は、独自の対象・目的・方法を有する比較法学は、単なる比較方法ではなく、独立の科学であり、法史学・法哲学・法社会学と並ぶ地位を法学の中に占めるものであるとする。

　五十嵐は、機能的比較方法に基づく比較民法学の労作とともに、その比較法研究の「総決算」である『比較法ハンドブック』（第2版、2015年）によって、ドイツを中心とする欧米比較法学の水準を踏まえた精緻な比較法原論の樹立に大きく貢献している。五十嵐の定義は、比較の意義をさらに掘り下げ、類似点と相違点の解明およびその原因の探求を加え、ツヴァイゲルトに倣って、比較の結果に対する評価（より良い解決の探求）も比較法学に含まれると解している。[5]

　(4)　アメリカ比較法学の代表的 Cases&Materials である［例3］は、時の"key legal transformations" を重視したシュレジンジャーの哲学に従い、非西欧法（とりわけ中国法とイスラーム法）を――ラディカルに異なる諸文化としてではなく――比較法学のメインストリームに吸収してこれに相当な比重を置くこと、グローバリゼーションの進展を踏まえ、国家中心のパラダイムを超えた「多くの学問領域にわたるパースペクティヴ」（multi-disciplinary perspective）を採用すること（とりわけ超国家的・サブ国家的な立法機関を比較法の研究対象に取り込むこと）を、基本方針とするのである。[6]

---

4)　「様式」概念については、ツヴァイゲルト（真田芳憲訳）「法圏論について」ヘーンリヒ編『西ドイツ比較法学の諸問題』（中央大学出版部、1988年）80頁。わが国の代表的テキストブックの一つである大木雅夫『比較法講義』（東京大学出版会、1992年）も、ツヴァイゲルトにならって比較法を「法様式論」として構築することをめざす。

5)　五十嵐・前掲注2)『比較法ハンドブック』3頁。

6)　Mattei/Ruskola/Gidi, supra note 3, vi-vii.

2　古典的比較法学への批判

　以上の諸説が前提とするヨーロッパ比較法学の古典的「殿堂」を（アメリカにおいて）模倣することに対する果敢な批判者であるマティアス・ライマンは、「アメリカ比較法雑誌」創刊50周年を機に発表した論考「20世紀後半における比較法の進歩と失敗」の中で、現代比較法学が単なる方法を超えて「知の集合体」(body of knowledge) となったことを評価する。つまり、比較法は研究方法であるとともに、事実に関する情報、構造の認識、根本的問題点の理解から構成される知の集合体であるという「二重性」を有する。

　しかしながら、個々の特殊研究を結びつける確固たる「理論的基礎」を欠いていることから、比較法は断片的な知の集積状態にあり、比較方法についても真摯な議論がなされていないことを、「失敗」であるとライマンは批判する。

　ライマンは、比較法が安定した成長が可能な統合された学問となるためには、ヨーロッパの経験（サクセス・ストーリー）から学びつつ、①確立した知識からなる・国際的に承認された「基準（聖典）」(canon) を定める（世界の主要法族・法伝統の歴史と特徴、比較方法の特色など）、②比較法の目標・課題を明確化する、③慎重に組織された、長期的な比較法学者間の協力を進める、といったステップを経てゆくことが必要である、と論じている。[7]

3　比較法学の役割

　(1)　ライマンが論じているように、比較法の目標・課題・基準を明確化して、統一性のある学問として構築するためには、①ヨーロッパ発の国家法中心的比較法、②トランスナショナル比較法（モデル法などのソフト・ローもこれに含める）、③法多元主義的グローバル比較法の役割分担を肯定し、比較法研究の目的と段階に応じてアプローチを決定するのが、比較法学の内容の豊饒化をもたらすであろう。

　以下では、慣用に従って比較法（Comparative Law）と呼ぶことにするが、

---

7) Reimann, The Progress and Failure of Comparative Law in the Second Half of the Twentieth Century, 50 Am. J. Comp. L. 671, 673, 684-699. ライマンの業績については、貝瀬幸雄『国際倒産法と比較法』（有斐閣、2003年）367頁以下。

契約「法」などの実定法科目とは異なるし、単なる比較方法にとどまらないため、比較法学（Comparative Legal Studies）という名称の方が本来は誤解が少ないであろう。

　(2)　機能的方法を用いた国家法中心的比較法、グローバル比較法は後述するが、比較法学者によるトランスナショナル比較法の分析をここで紹介しておこう。

　ライマンの論稿「国家システムを超えて——国際化時代の比較法」によれば、1900年のパリ比較法会議で奨励された国内法制の比較に固執したために、比較法学は20世紀後半に顕在化した超国家的レジームを吸収することに失敗した。この状態から逃れるには、ヨーロッパ連合（EU）や世界貿易機構（WTO）のような超国家的レジームの研究を比較法の主流に取り入れなければならない。

　パリ比較法会議の目的は「立法共通法」の探求であり、法のハーモナイゼーションと統一をはかる目的で、ヨーロッパ大陸の私法法典と制定法を比較することであったため、今日では狭きにすぎるナショナリスティックな概念となっている。

　こうした窮状を打破するには、①重要な超国家的法を素材として取り込む必要がある、②超国家法の単なる記述にとどまらず、国家法と超国家法との相互作用を研究し（垂直的パースペクティヴを新たに加え）、さらに超国家的法相互を比較する必要がある、③変化しつつある膨大な法を多様なパースペクティヴでとらえるには、作業の分担が必要であり、特定の超国家的システムの比較研究をおこなう専門家が存在すべきである、とされる[8]。

　以上は現代アメリカ比較法学に対して発せられた警告であるが、わが国においても基本的にはあてはまるであろう。本書では、「トランスナショナル比較法」については、比較法と国際私法との関係や、ヨーロッパにおける法のハーモナイゼーションの問題を簡潔にとりあげるにとどめる。

---

8)　以上につき、貝瀬・前掲注7) 378頁（注22）参照。

4 比較の意義

(1) 比較法における「比較」の意義を説明しよう。比較とは、異なる事項の間の類似点と相違点を構築することで、二つ（以上）の対象と一定の「比較の第三項」（tertium comparationis）との間の三者関係を、導き出すことである。

両者に共通する特質やそれらを区別する特質を探求するのが、「分類のための比較」であるが、これは類似点・相違点を理解するための新たなカテゴリーの探究を含む知的プロセスでもある。比較法学者は、自己の認識論的関心について省察し、その「比較の第三項」を選択した理由ないし動機をオープンにすべきである。

(2) 比較法以外の比較学は、比較法に類似した問題にすでに直面しており、比較法にとっても有益な方法と道具概念を開発している。

比較言語学（歴史言語学）は、類似性の判定のみで満足してはならないことを教えるし（異なるシステム間の発生論的関係〔genetic relations〕の解明）、比較宗教学や比較史に比べると、比較法学者は——機能的アプローチが支配的であるから——比較のための中立的道具概念の開発を怠っており、自国法のターミノロジーに依存している場合が多い。

ヤンセンによれば、純正な比較学は、正確かつ複雑なタイポロジーを前提とし、その際にはヴェーバーの理念型（Idealtypus）概念が有益である（比較は、記述的性格を有する中立的・二次的言語〔a neutral second-order language〕によって行われる）。類似点・相違点は、理想化された概念からの偏差として説明されるのである。

社会学が比較法に「比較の第三項」を提供できるとするのは不適切であるとする反論もあるが、共通の「比較のスキーム」は設定する必要があるから、社会学的カテゴリーや「比較法国際エンサイクロペディア」などで活用される中立的・機能的カテゴリーが比較の媒体となるであろう。[9]

---

[9] 以上は、Jansen, Comparative Law and Comparative Knowledge, in: Reimann/Zimmermann (eds.), The Oxford Handbook of Comparative Law (Oxford U. P., 2006) 306ff. の紹介である。詳しくは、貝瀬幸雄「比較法学者たちの饗宴(2)」立教法務研究 5 号（2012 年）21-26 頁。

II　隣接諸分野との関係

1　はじめに

　比較法と隣接諸分野との関係を検討することによって、基礎法学における比較法の地位の独自性を明らかにするとともに、隣接諸分野にいかに貢献し、そこからいかなる利益を受け、どのようにオーヴァーラップしているかを解明できる。本書では、法社会学、法文化論、法言語学、外国法、法史学を検討の対象として取り上げる。

2　比較法と法社会学

　(1)　「比較法学者が——ミクロの比較において——比較法の研究を始める動機というものは、ある社会問題についてその一定の法的解決がわれわれ固有の法秩序の中で機能していないように思われることに端を発している」（ツヴァイゲルト）。より優れた解決を自国法の体系に移植できるかを判断するためには、比較対象国の「生ける法」を高度の法事実研究によって解明しなければならない。

　この場合に比較法学者自身が経験的研究を行うのは困難であるから、比較対象国の社会学者による経験的研究を活用したり、比較法研究所に法社会学者のパーマネント・スタッフをおいて、比較法固有の法社会学的研究方法の開発をこころみることになる。

　また、社会学の法事実的カテゴリーは、比較のための共通の基盤（比較の第三項）を提供するとの指摘がある。

　(2)　比較法社会学と法解釈のための比較法（ドグマ的比較法）は、一体となって現代的課題の解決に取り組むべきであり、機能的比較法学の提唱者であ

---

10)　Mathias Reimann, Comparative Law and neighbouring disciplines, in: Mauro Bussani/Ugo Mattei（eds.）, The Cambridge Companion to Comparative Law（Cambridge U. P., 2012）13.
11)　ドゥローブニク／レービンダー編（真田芳憲＝後藤武秀訳）『法社会学と比較法』（中央大学出版部、1987年、原著は1977年）所収のツヴァイゲルト「比較法の社会的次元」（同書223-225頁、235頁）およびドゥローブニク「比較法における社会学的研究方法」（同書123-124頁）。
12)　五十嵐・前掲注2)『比較法ハンドブック』8頁。

るラインシュタインによる法名望家論（Rechtshonoratioren; law notables）は、比較法社会学を活用した古典的成功例といえよう。

「法名望家」とは、マックス・ヴェーバーが主著『経済と社会』の「法社会学」で用いた表現で、自らのゲゼルシャフトに決定的な特徴を刻印できるだけのプレスティージを享受する、法的生活を営む者をいう。法の形成と適用は一つの芸術であって、法的芸術がどのような様式（Stil）を示すかは、だれが芸術家であるのかに依存する。「現代アメリカ法を理解しようとするならば、誰がその法名望家であり、その者がどのような理念に鼓舞されており、その法名望家がいかなる方法で影響力を行使しているのかを知らなければならない」、「比較法学者は、法は社会生活の一面であって、社会の文化的風土（society's cultural climate）のその他のすべての側面との関係で研究されなければならない、ということを知っている」、「法名望家層の体系的考察は、社会の文化的風土と法秩序との関係を、そこから発見できる橋となりうるのである」。

ラインシュタインは、大恐慌以後は、法学教育の新たな方法の発見と、他の社会科学との相互交流によって、アメリカにおける法学教授の影響力が飛躍的に向上し、大学教授が社会改革において積極的役割を果たすようになり、従来以上に大学教授によるガイダンス（社会科学の方法を用いた法事実探求）を必要とするようになった、と評価している[13]。

(3) 比較法における社会法学研究（socio-legal studies）の伝統は充実しており、①比較法学者と社会法学者に共通の一連のトピックが生じたこと、②比較法学者の主流に、国家法の差異に新たな正当性を認めようとする関心（法多元主義への関心）が生じたこと、③比較法学と社会法学の双方の分野に──法移植論や法文化論で──方法論的な歩み寄りが生じたことから、新たな接近の兆しがみられる。

---

13) Rheinstein, Leader Groups in American Law, 38U. Chi. L. Rev. 687-688, 695-696 (1971). なお、マックス・ヴェーバー法社会学のすぐれた紹介者にふさわしく、ラインシュタインは比較法について次のような学際的な説明をこころみている。「比較法とは、一般的（普遍的）文化現象としての法に関する科学で、社会生活の合法則性を探求する経験科学である」。「比較法が、自国法のより良い理解という狭い目的を超えて、法の社会的機能の解明を目指す限りにおいて、それは法社会学である」（貝瀬・前掲注9）46頁の紹介を参照）。

比較法における社会法学的アプローチの重要な先駆者であるマックス・ヴェーバーの理念型的手法は、比較法における方法的モデルとして現代でも活用されている（法族論におけるウゴ・マッテイの「法の三類型」論）。

しかし、比較法学者および社会法学者の双方が、ヴェーバーの発展的・進化論的フレームワークに異議を唱えており、もっとも進んだ法形式は形式合理的な法であるとするヴェーバーの見解は歴史的産物にすぎない、と批判されている。比較法学におけるヴェーバーの遺産である法の定義（国家によるサンクションを伴う規範という定義）は狭きにすぎ、過度に形式主義的であるし、比較によってヴェーバーの理念型的カテゴリー化を実践する比較法学者の努力は、社会的コンテクストへの配慮を欠いた方法論的アマチュアリズムであると社会法学者から評価された。

(4) 他方で、比較法学者が社会法学から距離を置いてきた理由としては、①比較法学が国家法に焦点を合わせる限り、社会法学者は貢献できない、②比較法学者が、複数の法域のルールや制度を比較する「比較法」と、「外国法研究」——通常は一国を対象とする、社会法学者によるよりコンテクスチュアルな、民俗学的・歴史的研究——とを区別してきた、③比較法は伝統的に非ヨーロッパ的法体系にほとんど注意を払ってこなかったため、発展途上世界の法制に焦点をあわせた社会法学者の比較研究は、比較法学者には、マージナルな理論的関心の対象でしかなかった、といった諸点が指摘されている。

しかしながら、20世紀後半に、比較法学者がアジア、アフリカ、中東諸国に関心を向け、比較法の伝統的手法を修正して「生ける法」を重視する必要（法人類学の必要性）に迫られたこと、両分野の研究者間で「法多元主義」の議論が活発化し、植民地国家およびポスト植民地国家の「慣習」が共同研究によって発掘されたことから、両分野の研究者が積極的に協力するに至った。

さらに、リーガル・プロフェッションのグローバル化の問題（アメリカ法のグローバルな拡散における、トランスナショナルな法エリート・法名望家の役割の分析）や、「法の支配」「法と開発（Law and Development）」「法のハーモナイゼーション」プロジェクトへの関心の復活が、比較法学・社会法学両分野の

対話を促した[14]。

「社会法学的比較法」(ないし比較・法社会学)という新たなジャンルの発達が期待できよう。社会学は、機能的方法以外にも、「法文化」という方法論的リソースを比較法学者に提供できる。社会法学的比較法は、伝統的比較法における形式的な「法」の理解に替えて、「法文化」というタームによる社会法学的な「法」の理解を可能とするし、法と社会の因果関係を解明するのに役立つのである[15]。

3 比較法と法文化論(比較法文化論)

(1) 法の比較を行う場合には、法制度の背景にあるものの探究が必要である。そのためには、法規を対象とする実証主義的・実定法志向的な比較にとどまらず、比較法文化論(比較法社会学)が重要な手段となる[16]。比較法文化論は、比較に際し、法観念・法システム・法伝統の類似点よりも相違点を重視すべきであるとする比較法学者によって、1990年代初頭から——比較法の本質および目的論において、あるいは比較法学全体の再構成のための手段として——有力に主張されるに至った[17]。

(2) わが国のフランス法学および比較法学を代表する碩学野田良之は、法は文化の一部であるから、文化全体から法を切り離して比較しても意義に乏しく、比較法は法に焦点を合わせた比較文化論でなければならない、と早く

---

14) 以上は、Riles, Comparative Law and Socio-legal Studies, in: Reimann/Zimmermann (eds.), supra note 9, 777-799. 比較法と人類学の双方のスペシャリストであるライルズによれば、社会法学研究とは、アメリカの人類学および社会学からイギリスの社会人類学、ヨーロッパ大陸の批判社会学にいたるまでの、きわめて多様な内容を意味する。ライルズ論文の紹介は、貝瀬・前掲注9) 48-55頁。

15) Cotterrell, Comparative Sociology of Law, in: David S. Clark (ed.), Comparative Law and Society (E. Elgar, 2012) 39, 46-47; Siems, Comparative Law (Cambridge U. P., 2nd ed., 2018) 147-148. コトレルは、「〈国際法の社会学〉を洗練し、さらには、国境を越えて個人・集団・企業を名宛人にしながら国家の管轄権の範囲という制約に服さずに行われるさまざまな形の統御——近年、『超国家的法/トランスナショナル法』と呼ばれることが多くなっている統御——に社会学的な照射を行うこと」が重要である、と提言する(ロジャー・コトレル〔高橋裕訳〕「『生きる法』からグローバル・リーガル・プルーラリズムへ」法と社会研究創刊第1号(2015年)173、179-180頁)。

16) 五十嵐・前掲注2)『比較法ハンドブック』11頁、Cotterrell、Comparative Law and Legal Culture, in: Reimann/Zimmermann (eds.), supra note 9, 710.

17) Id, 710-711.

から指摘していた。

　比較文化論的に法の比較をする場合には、遥か古い時代にまで遡ったり、非常に異質の文化圏を対象とすることがあるから、有意味な学問となるには、共通項としての「根元法」──法の基本的な土台をなす、社会生活の秩序づけに関する「生得的な行動のパターン」──を想定する必要がある、と野田は独創的な理論を展開する[18]。

　しかしながら、野田理論に対する批判として、わが国の比較法文化論は、比較法の基礎をなす法族論や法様式論を無視して主に民族のメンタリティーを論じたため、比較法制度論（ミクロの比較）が比較法学を独占する結果となるとともに、比較法に不可欠な基礎理論の軽視をもたらした、と述べられている[19]。

　(3)　法文化とは、「形式的な法システムの外にあるが、広い意味での法システムの現実の機能と関連するファクター群（例えば、言語、メンタリティー、政治、歴史）」をいうのみならず（「法はコンテクストの中におかれる」）、「西洋法文化、アジア法文化、イスラーム法文化のように、単一のシステムよりも大きな実体（entities）に用いられるマクロのレヴェルの概念」でもある[20]。

　この法文化を比較法学者がどのようにして把握するかは必ずしも明確ではなく、「機能的方法をあまり狭く捉えてはならず、郷土史的、記号学的、歴史文化的な成果にまで広げなければならない」とか、当該文化の中での経験を深く理解し、これを詳細に記述し、共感を伴った深い解釈をほどこす必要があるとか、相互理解の理念を目標に、批判的距離を置きつつ文化のバリアをゆっくりと押し破る「文化的浸礼・没頭」（cultural immersion）によるべきであるとか説明されているにとどまる[21]。

---

18)　野田良之『内村鑑三とラアトブルフ』（みすず書房、1986年）3頁（論文の初出は1971年）、同「比較法の基礎としての法の「元型」を尋ねて」学習院大学法学部研究年報18号（1983年）3-4頁、28頁。

19)　大木雅夫「序論──EU法研究の方法を中心にして」大木雅夫＝中村民雄編著『多層的ヨーロッパ統合と法』（聖学院大学出版会、2008年）14頁・注8)。五十嵐・前掲注2)『比較法ハンドブック』11頁は、比較法文化論の発展に大いに期待している。

20)　Husa, A New Introduction to Comparative Law（Hart Pub., 2015）.

21)　ベルンハルト・グロスフェルト（山内惟介＝浅利明香里訳）『比較法文化論』（中央大学出版部、2004年）320頁および10頁。

ともあれ、比較法文化論者は、従来の比較法が法現象間の類似性、法のハーモナイゼーションないし統一を圧倒的に重視しており、皮相かつ技巧的であると批判し、法における「多様性の持続」と文化間のコミュニケーションの強化による相互理解の促進とを主張するのである[22]。

　(4)　こうした法文化概念が、外国法システムを知るのに直接どれだけ役立つかは疑問であるが、その政策的有用性は高いと評されている。文化に訴えることには、比較法学を活性化する道徳的・政策的パワーがあるとされるのである。

　すなわち、①比較法文化論には、比較法学を法多元主義者（legal pluralist）による——法社会学者・法人類学者に接近した——法の理解に向かわせる力がある、②ヨーロッパの法統合においても法文化の政策的利用は重要である（たとえば、共通の「ヨーロッパ法文化」があるとして、法のハーモナイゼーションを促進する目的で利用される）、③「グローバリゼーションの均質化傾向、標準化、道具的・手段的理性（instrumental reason）、効率化の要請」に対する対抗政策として、文化的差異が高く評価される、といった特色が指摘される。

　比較法においてこのように差異が強調される政策的理由の一つは、一部の（とりわけアメリカの）比較法学者にみられた——自国法文化の基準によって外国の法的経験を評価するという——自国法中心主義を批判することでもあった。近時の比較法学において法文化が強調されるのは、道具的・手段的関係——国際取引や国際的な法的コミュニケーションを促進するための、法のハーモナイゼーション——以外の社会的関係をも規律する法の役割を重視するためであろう（法は伝統を形成・保護するもので、共通の信念・至上価値の表明であり、国家［国民］の期待や感情の表明である、と位置づける[23]）。

　ただ、機能的比較方法論においても、比較の対象の理解および「固有の比較」の段階では、「法外在的要素」に深く立ち入るべきであると説かれているから、伝統的方法論においても法文化が軽視されていることにはならない。文化間の異質性が高く、法を文化の中に位置づけて理解する必要性が高いほ

---

22) Cotterrell, supra note 16, 711-712.
23) Id, 724-725, 727-736.

ど、こうした伝統的アプローチよりも比較法文化論が援用され、法人類学・法社会学の手法が活用されることになろう（グローバル比較法学の必要性[24]）。

なお、「法文化」ないし「文化」は西欧の啓蒙時代の産物で、極めて曖昧な観念であること、「法文化」はその社会学的出自（rechtssoziologischen Herkunft）からして、法律家にほとんど関心のない論争をかかえこんでおり、伝統・生ける法・法様式（Rechtsstil）・法イデオロギーといかにして区別するかといった問題が生ずることから、法文化にかえて「法伝統」「コンテクスト」を用いる——文化的環境を考慮するコンテクスト比較法（Kontextuelle Rechtsvergleichung）を展開する——論者もいる[25]。

4 比較法言語学

(1) 比較法学者は、文化横断的コミュニケーションの基盤を創造し、伝達者・架橋者としての役割を果たすので、比較記号論・比較法言語学を軽視してはならない[26]。

比較法言語学（comparative legal linguistics）に造詣の深いフィンランドのフサは、法言語の「生きた性質」が比較法学者に比較の際に障害となるとしたうえで、法言語は法的事項を扱うテクスト群において特定の目的のために用いられるサブ言語（sublanguage）であって、法言語学とは、法言語とその発展・特色・用法を研究し、法学と応用言語学とを綜合する特殊分野であるという。法言語学は、形態論（morphology）、統語論（syntax）、意味論（semantics）から構成される。

比較法学者には、外国の——文法・文体が通常言語と異なる——法言語で書かれたテクストを理解するために、法文化・法史・法制度など（外国の法言語の文化的コンテクスト）の知識が必要となる。

---

21) 貝瀬・前掲注9) 50頁。
25) パトリック・グレンの「世界の諸法伝統」論については、貝瀬・前掲注9) 62-64頁。「コンテクスト比較法」については、Uwe Kischel, Rechtsvergleichung (C. H. Beck, 2015) 225, 238-239. 比較法のテキストではないが、Mankowski, Rechtskultur (Mohr, 2016) は、法比較は本質的に法文化比較 (Rechtskulturvergleich) となるとする見解を引用し (Id, 2)、法移植・法の輸出や、法文化の近接化にも言及する (Id, 481-503, 511-520)。
26) Grossfeld, Comparatists and languages, in: P. Legrand/R. Munday (eds.), Comparative Legal Studies: Traditions and Transitions (Cambridge U. P., 2006) 154ff.

フィンランドのマティラ（Heikki E. S. Mattila）は体系的な英文の大著『比較法言語学（Comparative Legal Linguistics）』（2013年、第2版）を刊行して、法ラテン語の遺産、ドイツ、フランス、スペイン、イギリスにおける法言語の歴史をたどり、グローバル言語としての Legal English を論じている[27]。

　(2)　さらにフサは、法言語は特定の法システムの進化と構成を反映しているとして、複数の公式の法言語が並行して使用されている多言語主義（multilingualism）に言及し、ベルギー、フィンランド、スイス、カナダ、24の公式言語をもつ EU、11 の公式言語が憲法上規定されている南アフリカを例示する（EUの多言語主義は連合の文化的・言語的多様性を反映したもので、各国の法システムと国際法から移植された法概念は、EU 独自の法的意味を有するようになる）。

　フサは、EU 域内で、EU 裁判所判決・法務官意見（Opinions of the Adovocates-General）・構成国裁判所からの先行判決の申請などを公式諸言語に翻訳する法律家＝言語学者の専門家集団の活動は——法社会学的・法言語学的知識を前提とする——比較法的アプローチに支えられており、法的安定に大いに貢献している、と評価する[28]。

　「比較法と言語」を論じたカーランは、現代ヨーロッパにおける法的変化は比較分析の方法が必要であるとして、次のように問題点を指摘する。①ヨーロッパ司法裁判所やヨーロッパ人権裁判所はかなりの法的収斂を実現してきたが、それを掲載する各国の法的刊行物が著しく比較分析を欠いており、ドメスティックな法的枠組みのフィルターを通して歪めてしまう。②現代ヨーロッパ法はコモン・ローの判例法（case law）概念を採用しているとの理解が、大陸法およびコモン・ロー両法系に広く浸透しているが、これは大きな誤りである。③しかしながら、詳細な EU 指令などを通じて、コモン・ローの特色が断片的・漸次的な変化という形で EU に浸透している。④ヨーロッパにおけるこのような変化は、列挙的で詳細な法文のスタイルを生んだ。

---

27)　Husa, supra note 20, 193ff. フサは、フィンランドの Lapland 大学で、法言語学講座を担当していた。本文中で言及したのは、H. Mattila, Comparative Legal Linguistics (Ashgate, 2nd ed., 2013). このほか、Pozzo, Comparative law and language, in: Mauro Bussani/Ugo Mattei (eds.), supra note 10, 88 は、翻訳、法移植、ヨーロッパにおける多言語主義を簡潔に論じた概説である。
28)　Husa, id, 193-199.

このようなスタイルは、判例によって法を創造し、立法者の干渉を例外とする断片的システムから生ずるコモン・ローの詳細な制定法（statute）を想起させる。[29]

(3) エルンスト・ラーベルが比較法学者の多言語主義を主張したのは、他の言語を知ることは他の世界観を知る有力な手段だからである。

アメリカの戦後比較法学を指導したのはナチスからの亡命比較法学者たちで、「共通の核心」アプローチを発展させたシュレジンジャーの学問的中核も多言語主義にあったとされる。ポリグロットの卓絶した比較のスキルと、二重のアイデンティティとを有する亡命比較法学者たちは、法の普遍的言語・全人類を調和させるためのエスペラントを探求した。これに続く比較法学者の世代は、ポストモダニズムと多元的文化主義（multiculturalism）の優位を反映して、国家的・コンテクスト的・言語的差異に注目するとともに、共通性の探究という目標を批判する。

なお、仮に英語がネイティヴでない者同士の単一の支配的言語となったとしても、法の言語は法体系・文化・メンタリティーの内的文法（inner grammer）に拘束されていて、他の法体系・文化・メンタリティーから借用した言語によるコミュニケーションを阻害するから、問題は減少しないとカーランは注意を促している。[30]

5 マクロ比較法・外国法研究・法史学

(1) わが国では比較法が外国法学とほとんど同視されていることを批判し、

---

29) Curran, Comparative Law and Language, in: Reimann/Zimmermann (eds.), supra note 9, 700-704. 貝瀬・前掲注9) 68-69頁。
30) Id, 679-686. 貝瀬・前掲注9) 65-67頁。カーランは、現代比較法学は社会における法の本質の探究を含み、変化しつつある世界とのダイナミックな相互交流によって法が再形成されてゆくと、比較法は法的存在を言語のように解読するプロセスとならざるをえないが、この外国語・外国法の解読プロセスは、翻訳のプロセス（意味を特定・形成するプロセス）である、という。翻訳によって含意が失われるのと同様に、比較法がどこまで他者と法的コミュニケーションをとることに成功するかについては議論がある、とカーランは指摘する。しかしながら、カーランによれば、法が流動化して交換し合うようになった現代の法的世界では、比較法は新たに形成されたカテゴリー・法的現象の意味を解読し、その背後に隠されたものを探知するのであって、グローバル化した現代では、比較法はあらゆる法的分析の一部でなければならないのである（貝瀬・前掲注9) 65-66頁の紹介を参照）。

EU 法研究の重要性を説くに際して、わが国の法学教育における一外国法主義からの脱皮を望む見解もあるが[31]、すぐれた外国法研究の多くはマクロの比較法研究でもあり（少なくとも両者は密接な関係にある）、その場合に歴史的背景ぬきに有意義な比較は不可能であるといえよう[32]。

例えば、野田良之の名著『フランス法概論　上巻』（1954 年）は、比較法学はすぐれて法の歴史的・社会学的研究の一部門であり、外国法を正確に認識するには、その国の社会現象をできる限り正確に知っておく必要があるという「外国法研究の特殊性」から、近代フランス法の形成に至るまでの長い歴史を、かなり広い社会的背景のもとに叙述した「歴史的序論」である。このようなアプローチによって外国法文化全体の構造を理解し、外国人の法に関するものの考え方を把握して初めて、外国法研究は比較法研究にまで深められ（深い歴史哲学的意識の必要性）、「新しい世界の中で必要な国際精神を得るための一つの手段」（ルネ・ダヴィッド）となる。

野田は、フランス法文化の基本的要素として、ローマ的要素、ゲルマン的要素、キリスト教的要素の三つを挙げ、「これらの法要素の融合を具体的な史実のうちに探りつつ、現代フランス法形成の発展過程を跡づけてゆきたい」とし、とりわけキリスト教的要素についてはトレルチらの業績を参照しつつ、かなり詳しい記述をこころみている[33]。

（2）　この野田の労作は、比較法と法史の見事な結合であるといってよかろう。いずれの分野も、研究対象である「法」は社会的・文化的・政治的現象であって、空間的または時間的に自国法または現行法とは「別個の法」であるところは共通するが、方法論に対する態度が両分野では対照的であり、その目的を対象の純粋認識に求めるか、補助科学性に求めるかという点でも異なる。

比較法においては、目的志向的な現代法学の一部であることを反映してか、純粋認識と補助科学性とは必ずしも相互排他的ではないと一般に解されてい

---

31)　大木＝中村編著・前掲注19) 11 頁、7 頁。
32)　五十嵐・前掲注2)『比較法ハンドブック』15-16 頁。
33)　野田良之『フランス法概論上巻』(有斐閣、1954 年)「はしがき」2-3 頁、5-6 頁。同書 1-2 頁、6-7 頁、20-21 頁。田中英夫の業績については、貝瀬・前掲注9) 73-75 頁。

るが、法史学は目的から自由な（zweckfrei）歴史学の一部として方法論的批判が盛んなためか、現代への貢献を考慮することは過去の認識を妨害する危険があると理解する者が多いのである。比較法と法史学の両分野の接近をはかるためには、比較法史（comparative legal history）が独立の学問分野として発達するのが望ましい。

アメリカにおいて、独自の学問分野としての比較法学を確立したのは、ドイツ歴史法学派が依然として相当の影響を有していた時期に、ヨーロッパの人文主義の伝統の下で教育を受けた亡命ヨーロッパ法学者であり、彼らにとって比較法研究が歴史学を含むのは当然であった。

歴史的アプローチを意識的に採用したアメリカ比較法学のオリジナルな貢献としては、「法伝統」（legal tradition）の概念があり、メリマンの「シヴィル・ロー（ヨーロッパ大陸法）伝統」は、古典期ローマ法から発展した法文化、中世ヨーロッパにおけるその継受、近代初期の学問的努力、科学としての法学の理念、法典化の理念といった要素から構成されている。

高度に発達した比較法史学は極めて困難であるが、その説明能力の高さからすれば、比較法学者と法史学者は、比較法史を共通の「サブ分野」（subdiscipline）とするために協力し合うべきである[34]。

（3）注目すべき実例として、比較法学者のジョン・ベルと法史学者のデイヴィッド・イビットソンが協力した『ヨーロッパの法的発展──不法行為の場合』全9巻（2010年〜2012年）があり、編者の一人イビットソンは「比較法史──方法論」などの論稿を著している[35]。

ベル／イビットソンのこの労作においては、次のアプローチが用いられている。「法発展の記述は、ルールにおける変化のみならず、法の制度的背景とその環境における変化にも関連するものでなければならない。発展に対して開かれた一連のルールとしての法の適応力（capacity）を理解するためには、ルールは本来不完全で、解釈を必要とし、それゆえ争う余地があるものであ

---

[34] 貝瀬・前掲注7）383-388頁。
[35] John Bell/Ibbetson, European Legal Development : The Case of Tort, vol. 9（Cambridge U. P., 2012）; Ibbetson, Comparative Legal History: A Methodology, in: Anthony Musson/Chantal Stebbings（eds.）, Making Legal History（Cambridge U. P., 2012）.

ることを理解する必要がある。ロドルフォ・サッコは、法律家が運用するこの法システム概念を記述するために、『法的フォルマント』（legal formants）という有益な概念を発展させた」。「法共同体は、何が法であるかについて単一の見解を有するというのは、概して正しくないであろう。法とは、一定の関係者が特別の権威を持っている法共同体内での対話（conversation）であると位置づける方がよりすぐれているであろう。『フォルマント』という考えは、特定の事項に関し何が法であるかについて、常に不完全ではあるが競い合う見解が存在する、ということを示唆している」。「法の状態は、いかなる時でも、対話とそれが到達したスナップ写真に由来するのであって、その際には、若干の権威的関係者の貢献に注目するだけではなく、それらの権威的言説が受容される仕方も認識しているのである」。「発展とは、法共同体が、行為基準（standard of conduct）として法を理解する方法あるいは法を実際に適用する方法の、いずれかにおける変化のことである[36]」。

　筆者（貝瀬）の長編「歴史叙述としての民事訴訟[37]」も、比較法史のアプローチに従い、法史学・（ヨーロッパ）民事訴訟法学・比較法学の成果を取り入れて総合的に叙述した「ヨーロッパ民事訴訟法史論」のこころみである。

第2章　比較法の目的および機能

I　序論

　何のために自国法を外国法と比較するのか。あるいは、何のために外国法の包括的叙述をこころみるのか。「比較法の講義はある種の贅沢[1]」なのであろうか。

---

36) Bell/Ibbetson, id, 2-3.
37)　貝瀬幸雄「歴史叙述としての民事訴訟(1)〜(5・完)」立教法務研究6・7・9・10・12号（2013〜2019年）。

法実務および法学研究のほとんどあらゆる次元で、比較法的考察が顕著となり、比較法は、基本的な技術および補助手段として法それ自体に吸収統合されつつある。それゆえ、比較法的考察こそが重要であって、比較法学の独自性・自律性は強調される必要がなく、独立科目としての比較法は不要であるとする見解も有力である[2]。

しかしながら、本書は比較法学の独立科学性を肯定するので、従来の比較法目的論の成果をここで検証しておく。

II 比較法の理論的目的

1 法的認識の深化・視野の拡大

まず、比較法の理論的目的（学問的効用）として、第一に、法的認識の深化および法学的視野の拡大を挙げることができる[3]。

法的認識の深化をもたらした一例として、比較民法学からの貢献であるが、星野英一「日本民法典に与えたフランス民法の影響」（1965年）は、「日本民法典に対して系譜的に連なるものはドイツ民法（草案）よりはフランス民法であること、従って、民法の研究ないし解釈にとっては、フランス民法とのつながりを考慮する必要があり、少なくとも望ましいことを論じ」、「民法の本来の姿の理解」をめざした古典的名作である[4]。

あるいは、比較法史のアプローチを駆使して、米独双方の法文化の国際的交流と受容の軌跡を追求したマティアス・ライマンの雄編「アメリカ合衆国におけるヨーロッパ法およびヨーロッパ法学の影響」（1996年）は、「法は文

第2章の注
1) ハイン・ケッツ（潮見佳男＝中田邦博＝松岡久和訳）『ヨーロッパ契約法Ⅰ』（法律文化社、1999年）の「日本語版序文」が引用する講義中のケッツの発言。
2) Glenn, The Aims of Comparative Law, in: Jan M. Smits (ed.), Encyclopedia of Comparative Law (E. Elgar, 2nd ed., 2012) 65.
3) 大木雅夫『比較法講義』（東京大学出版会、1992年）76頁以下、五十嵐清『比較法ハンドブック〔第2版〕』（勁草書房、2015年）76頁（比較法教育の目的として、この効用に言及する）。自国法のより良い認識・理解を挙げるのが、五十嵐・同書77頁、Constantinesco, Rechtsvergleichung, Bd. II (C. Heymann, 1972) 335-337 (Nr. 111).
4) 日仏法学会編『日仏法学3号』1-70頁。のちに、星野『民法論集 第1巻』（有斐閣、1970年）69頁以下に収録された。

化によって左右される歴史的・社会的現象であるとするドイツ歴史法学派の歴史的法律観がアメリカ法学に永続的なインパクトを与えた」ことなどの論証に成功している[5]。

　法学的視野の拡大という点では、本書で最近の動向を紹介する法族論を想起すれば十分であろう。とりわけ、パトリック・グレンの『世界の諸法伝統』は、ヨーロッパ大陸法とコモン・ロー以外に、固有法、タルムード法、イスラーム法、ヒンドゥー法、アジア法の各法伝統を概観している。比較法学が、法学とそれ以外の社会科学を連結する機能を果たす場合にも（ウゴ・マッテイの「比較法と経済学」論）法学的視野の拡大に寄与することになる[6]。

2　法発展の予測

　第二の理論的効用として、近い将来における法発展の傾向を発見ないし予測できる。比較民事訴訟法学の巨匠マウロ・カペレッティは、比較の対象となる諸国が、共通の問題につき採用しているさまざまな解決方法の発展的主要傾向を明らかにし、将来の発展を予見できると指摘する。

　カペレッティは、比較訴訟法の基礎理論を集約した『比較法国際エンサイクロペディア・民事訴訟・序論』（1987年）において、手続保障の国際化、行政管轄権（非司法的機関）の拡大、正義へのアクセスのための改革の（三段階の）波、などの福祉国家的要請から生じた諸問題の行方を、比較法的手法を用いて、活写している[7]。

3　共通法の発見

　第三の理論的効用として、外国法の批判的研究により、諸法秩序の共通要素（共通法）を発見し、理想型を定立できる。共通法の探究は、共通の問題

---

5) 貝瀬幸雄『国際倒産法と比較法』（有斐閣、2003年）388頁。
6) U. Mattei, Comparative Law and Economics (Univ. Mich. P., 1997). 五十嵐清「比較法と経済学——『法的起源説 (Legal Origin Thesis)』を中心に(1) (2・完)」札幌法学22巻1号・23巻1号 (2010〜2011年) が詳細である。
7) 大木・前掲注3) 77頁以下。コンスタンティネスコも、経済・社会構造を同じくする同一法族内の特定の法制度に限定して、このような予言は可能であるとする (Constantinesco, supra note 3, 352-354, Nr. 114)。カペレッティ（およびシュテュルナー）の見解については、貝瀬・前掲注5) 90頁。

に対する解決の比較を必要とする。

　一例をあげれば、オーレ・ランドーを議長とするヨーロッパ契約法委員会によって作成された「ヨーロッパ契約法原則」は、ヨーロッパ統一契約法典の基礎の提供、商慣習法の現代的定式化などの目的から、「すべてのEU加盟国の契約法に共通の核心をできる限り特定し、この共通の核心の上に機能的な法制度を創造する」「国際的な比較共同研究の成果」である。

4　法の一般理論

(1)　第四の理論的効用として、普遍的な法のあり方と各国法の特殊社会的制約を認識し、法社会学・法哲学に重要な具体的資料を提供して、法の一般理論に貢献する。

　例えば、グローバリゼーションからの挑戦に対応した、法原理および法理学の一貫したヴィジョンを提示しようとする、(法理学者)トゥワイニングの主著『一般法理学』(2009年)は、比較法学の成果を十分に摂取しつつ、次のように述べる。

　「グローバルな視座からすれば、主体間の諸関係を秩序づけることを志向する、一種の制度化された社会的プラクティスとして法を考えるのは、啓発的である」。「グローバルな視座は、法の諸レヴェルを区別することの重要性、非国家法の重要性、規範的および法的多元主義を重視すること、それゆえinterlegality(規範的法秩序と生ける非国家的法秩序のような、異なる法秩序間の相互関係)の重要性を、明らかにする」。「かなり包括的な法のコスモポリタン原埋は、超国家法(例えば、国際的、地域的な)、非国家法(例えば、宗教法、トランスナショナル法、土着固有法すなわち伝統／慣習)、多様な形式の『ソフト・ロー』などの、あらゆる重要な形式の法を包含することを要する」。

---

8)　大木　前掲注3) 79頁、滝沢正『比較法』(三省堂、2009年) 26頁以下。コンスタンティネスコは、超国家的体系・普遍的法言語・理念型(Idealtypen)を創造する手段としての比較法について論ずる (Id, 357ff.)。
9)　オーレ・ランドー／ヒュー・ビール編(潮見佳男＝中田邦博＝松岡久和監訳)『ヨーロッパ契約法原則ⅠⅡ』(法律文化社、2006年) 23頁以下。Zimmermann, Comparative Law and the Europeanization of Private Law, in: M. Reimann/R. Zimmermann (eds.), The Oxford Handbook of Comparative Law (Oxford U. P., 2006) 562.
10)　貝瀬「比較法学者たちの饗宴(4)」立教法務研究10号 (2017年) 60-61頁。

(2) また、「多元的社会における法の意義」、「豊かで複雑な規範的多元主義（normative pluralism）の世界」を検討した論集『法の概念——比較法的、法理学的、社会科学的パースペクティヴ』（2014年）において、編者のドランおよびウルシェラーは、こう分析する。

「規範性（normativity）という広い概念は、多様な形式で表現でき、それは常に特定の慣行、コミュニティ、文化と関連している。何世紀にもわたり、西欧人は、秩序についての突飛な概念やヴォキャブラリーの中で訓練された個人が専心ないし監督する、制度的な規範的秩序として、『法』を定義してきた」。

「重要なことに、この定義は『国家法』という・より狭い派生的形態に先行したのである。また、この定義は、より組織化されていない——しかし、より重要性が低いとは限らない——その他の社会規範の事例（多くの法的規範的多元主義の『法』）と、『法』とを区別した」。

「自分自身の諸価値が普遍的・永続的であると信じるのが通常であるが、この法の概念は、普遍的・科学的カテゴリーではない。この概念は、われわれが想像した歴史と経験の過程で発達した西欧の『民俗的概念（folk concept）』なのである。それは、精神的問題として、他の形態をとる競合的規範あるいは外国の（異質の）規範（normativities）よりも、文化的ないし道徳的に優越するものと理解されるべきではない」。

さまざまな法の概念がありうるのであって、コンテクストが異なれば有用であることが判明する。「法とは、国家によるサンクションを必要としない、制度化された規範的秩序（institutionalised normative order without the need of state sanction）である[11]」。これらの法の定義は、グローバリゼーションと多元主義を前提とするものである。

(3) 法源論の領域においても比較法学者の貢献は大きく、『比較法国際エンサイクロペディア』の「法源」（1984年）の部分には、ルネ・ダヴィッドが大作を寄せている[12]。「比較法と法源論」と「比較法とグローバリゼーション」のテーマは、項を改めて論じたい。

---

11) 貝瀬・前掲注10) 59-60 頁。

5 文化的寛容

　第五に、比較法教育の目的・効用として、自国方式以外の妥当な解決策も存在することを示して偏狭な自国中心主義を克服させ、さらにその解決策の独自の価値を示すことによって国際的コミュニケーションを促進し、文化的寛容さを育む。

　これは、アメリカの比較法学者マティアス・ライマンが比較法教育の目標として掲げるところである。ただしライマンは、共通の核心を明らかにすること、改正のためのモデルの提供、法のハーモナイゼーションへの貢献は、いずれも非現実的であるとして、教育目標から外している。[13]

6 新たな学問分野

　第六の理論的効用として、新たな学問分野の充実に寄与することができる。

　比較法学者エルヴィン・リーツラーは、比較法にもとづく国際民事訴訟法の体系書を発表し、「われわれの分野においても、比較法は——同一の問題の解決のさまざまな可能性を提示することによって——法政策的考察のきっかけを提供するが、自国法のよりよい理解にも貢献するのである[14]」と説く。あるいは、国際商事仲裁の分野において、ルネ・ダヴィッド、ヴォン・メーレン、ジョージ・バーマンといった比較法学者がすぐれた研究書・教材を著している。[15]

　筆者（貝瀬）の著書『国際倒産法序説』（1989年）は、ドイツ・スイス・英米・フランス・EC法（EU法）の複眼的比較法にもとづく「コントロールされた普及主義」を提唱する。[16]

---

12) 比較法学者による法源論としては、René David, Sources of Law, in: International Encyclopedia of Comparative Law, vol. 2, chap. 3（Mohr, 1984）; Stefan Vogenauer, Sources of Law and Legal Method in Comparative Law, in: Reimann/Zimmermann（eds.）, supra note 9, 869; John Bell, Sources of Law, 77 Camb. L. J. 40（2018）が代表的なものであろう。

13) 貝瀬・前掲注5）380頁。

14) Riezler, Internationales Zivilprozessrecht（Gryuter/Mohr, 1949）9.

15) R. David, Arbitration in International Trade（Springer, 1985）; Varady/Barcelo III/von Mehren, International Commercial Arbitration（West Academic Pub., 3rd ed., 2006）; Georg A. Bermann, International Arbitration and Private International Law（Martinus Nijhoff, 2017）.

III 比較法の実務的目的

1 立法への寄与

(1) 比較法の実務的目的・効用として、第一に、比較法は国内の法実務——立法者および内国裁判所による内国法の創造・改革・解釈——に有益な資料やモデルを提供するとともに（立法における比較法の指導および監督機能）、立法者に立法の方向（比較法的傾向）を示唆し、さらには他国のモデルとなるような立法を可能にすることもできる[17]。

比較法を通じて得られる解決策は多様かつ斬新であるのみならず、立法は通常は実験に親しまないから、外国で現実に利用されて有用性がすでに実証済みであるという点でも優れている[18]。

(2) 立法のための比較法には、（外国法制の実態調査にまで及ぶ）法社会学との協力、比較法研究の組織化（本格的な比較法研究所の設立）が必要である[19]。

比較法研究が立法に与える正確な影響を解明するのは難しいが、近代比較法学も自国法改良のために外国法を参照しようという意欲に促されていたし（1869 年創立の比較立法協会が普及させた「比較立法学」など）、外国法が影響を与えた実例も豊富で、ほとんどの場合に、比較法の成果を立法に取り入れるための組織を各国が有していた（例えば、ヨーロッパ大陸諸国の法務省、イングランドの法律委員会〔Law Commissions〕、リステートメント起草の際のアメリカ法律協会）。

新鮮なアイディアの貯蔵庫として、比較法から一定の問題に対する解決を得たり、立法や判決を正当化するための規範的論拠（a normative argument）として外国法を利用したりする場合以外にも、法移植論においては、①外国で実施済みの解決を採用するコスト節約的移転、②プレスティージの付加の

---

16) 貝瀬幸雄『国際倒産法序説』（東京大学出版会、1989 年）477 頁以下。なお、マティアス・ライマンらによるトランスナショナル法の教材も注目される。
17) 五十嵐・前掲注 3) 125 頁、Constantinesco, supra note 3, 371-372（Nr. 119）。
18) 滝沢・前掲注 8) 25 頁、大木・前掲注 3) 82 頁、Nicola Lupo/Lucia Saffardi (eds.), Comparative Law in Legislative Drafting (Eleven International Pub., 2014) が、各国のナショナル・リポートを収める。
19) 五十嵐・前掲注 3) 123-125 頁。

ための移植、③経済的・政治的強制による移植、④類似の争点につき先に判決を下している外国法を戦略的に利用するための移植、などの類型が存在するとされる[20]。

2 比較法的解釈方法

(1) 第二の実務的効用として、比較法は、自国法の解釈の補助手段として役立つ。とりわけ、継受法の場合の母法国における解釈が参考になる。さらに、「現代の法の継受が折衷的継受であることからすれば、母法の法解釈を越えて普遍的解釈方法にまで進むべきことは当然であろう」と説かれている[21]。

(2) ツヴァイゲルトの論稿「普遍的解釈方法としての比較法」(1949年) は、このテーマに関する古典的名品である。ツヴァイゲルト論文をここで詳しく紹介しておく。

①20世紀初頭に、サレイユが自国法の解釈（および欠缺補充）に際して比較法を活用できると提唱して以来、この解釈方法の限界について見解は一致していないが、それが利用できることについて現在では異論はない。

②法比較の結果、外国法の方がすぐれているという認識が得られた場合に、明文の国内法規範の解釈にあたって、比較法は一定の方向へと影響を与えることができる。ただし、国内法を排除するだけの力はない。

③比較法的解釈方法は、国内法を改善するのみならず、国際的な法の近接化の準備をする。比較法的解釈に適するのは、とくに、コスモポリタン的機能ないし普遍主義的傾向を有する法分野（有価証券法、知的財産権法、国際私法など）である。

④ランベールおよびサレイユは、文明の水準と法観念において密接に結びついた、類縁関係にある外国法のみを比較法的解釈方法で利用すべきであるとしたが、このような例外を設けることには賛成できない。すなわち、西洋諸国と同等の文化レヴェルにある外国の法秩序を比較の対象とすればよく、

---

20) Jan M. Smits, Comparative Law and its Influence on National Legal Systems, in: Reimann/Zimmermann (eds.), supra note 9, 515-517, 530-533.
21) 大木・前掲注3) 82-84頁、滝沢・前掲注8) 26頁。判例・学説に対する比較法の指導・コントロール機能につき、Constantinesco, supra note 3, 373-380 (Nr. 119)。

ローマ法の伝統と独立に発達した英米法との比較研究が、とりわけ豊かな結果をもたらす。

⑤比較法的解釈方法による場合に、国内法の基本構造と調和しなければならない（内在的限界）。

⑥以上の比較法的解釈方法は、従来発展してきた解釈方法を排除するものではない。

⑦そもそも外国法から法律問題をもっとも巧みに解決する鍵が得られるのか、という根本的な疑問につき、すでにサレイユは、比較法の目標は「相対的理想法」の探究にある、というテーゼを提示していた。この「相対的理想法」は、自然法の永遠の理想に代わりうるものではなく、まず経験的比較法（帰納法的準備作業）から十分な刺激を受けて、それから高次の自然法（絶対的理想法）に進むのが（最終的な演繹法の冒険）、豊かな結果をもたらす[22]。

以上が、ツヴァイゲルト論文の骨子である。

(3) このような比較法的解釈方法を肯定するとすれば、純然たる国内事件を判断する際に、裁判所はどこまで外国法を参考にできるか（外国法への自発的・任意的依拠）。この問題については国ごとにかなりアプローチが異なる。

例えば、ドイツでは、連邦通常裁判所が外国法を参照することは稀ではないが、ほとんどゲルマン法族内部に限られ、フランス判例は外国法をほとんど参照しないものの、最上級裁判所に助言する法務官（Adovocates-General）の制度を有する国では、その意見書（conclusion）の中に精緻な比較法的考察が含まれていることが多い。イングランドでは劇的な発展があり、他のコモン・ロー法域を参照するのが通常であったが、貴族院の White v. Jones (1995) 2 AC207 が転機となり、比較法研究に依拠した判例が続いた（これは、比較法文献の出現が原因であろう、と指摘されている[23]）。

(4) 各国の裁判実務が外国法の影響に対して開かれている程度に差異が生ずる原因として、利用できる内国資料の量、当該裁判所が属する国の政治的

---

[22] Zweigert, Rechtsvergleichung als universal Interpretationsmethode, 15 RabelsZ (1949) 5, 8, 10, 11, 13-15, 17-21.

[23] Smits, supra note 20, 519-524.「意見書」については、滝沢正『フランス法〔第五版〕』（三省堂、2018 年）336 頁。

状況、ヨーロッパ化のプロセス（ヨーロッパ統合は、他国法への深い関心を引き起こす。ヨーロッパ司法裁判所は比較法研究にもとづく判決を下すことが多く、1990年代以降のヨーロッパ法学の発達〔アカデミアの役割〕が、大いに役立った）、法形成の方法（制定法かケース・ローか）、その他のより現実的なファクター（外国語の知識、知的好奇心、判決に費やしうる時間など）を挙げることができる。

このような外国法との対話が生ずる場合として、①裁判所が「法の共通原則」を発見しなければならないとき、②内国法の欠缺・曖昧さ・現代化の必要が認められるとき、③多くの類似の法体系で生ずる問題につき、ハーモナイズされた応答が望ましいとき、④解釈さるべき制定法が外国の法体系（あるいは国際的な制度）に由来するとき、⑤裁判所が高度に技術的な事項に直面しているとき、などが考えられる。[24]

「外国法への依拠が持つ統一効果には疑問があるが、進行しつつあるヨーロッパ化とグローバリゼーションは、比較研究（comparative reasoning）を増加させ、法的論拠のたくわえが世界レベルで均質化してゆく結果として、立法・判例の質が高められ、比較によってインスピレーションを得ることが、現代の法実務の不可欠の一部となるであろう」。[25]

3 国際私法と比較法

(1) 第三の実務的効用として、例えば渉外事件における——法の適用に関する通則法を介しての——外国法の適用に際し、外国法の内容を探求・確定するために、比較法的作業が必要となる。[26]

---

24) Markesinis/Fedtke, Judicial Recourse to Foreign Law（Routledge-Cavendish, 2006）109ff., 139ff., 173ff.. 同じく貴重な文献として、Mads Andenas らの編集にかかる大部な論集『裁判所と比較法』（2015年）があり、編者によるその「序論」は、裁判所は比較法の実験室となったとし（Guy Canivet 前破棄院長官、ゴフ卿、ビンガム卿の最上級裁判所は、比較法を法源として積極的に活用したパイオニアである）、主にイングランドの判例に即して、比較法が活用される場合を類型化して、比較法はもはや非実用的な学問ではなくなった、法学・法創造（立法）・法実務に十分なインパクトを与えるために、比較法理論は共通言語というコア（the core of a common language）を再発見する必要がある、と主張するのである（Mads Andenas/Duncan Fairgrieve, Courts and Comparative Law: In Search of a Common Language for Open Legal Systems, in: Mads Andenas/Duncan Fairgrieve（eds.）, Courts and Comparative Law（Oxford U. P., 2015）4, 12ff., 21-22.
25) Jan Smits, supra note 20, 536-537. 貝瀬「比較法学者たちの饗宴(2)」立教法務研究5号（2012年）102-10頁。

「国際私法固有の方法」と「比較法固有の方法」との間には、これまでのところ一方的または双方的な関係は見出せないとされているが[27]、いずれも外国の法システムを対象とするため、双方の分野は人的にも（比較法学者は、国際私法学者でもあることが多い）制度的にも密接な関係にある（制度的・施設的に結合した代表的な例が、「マックス・プランク外国私法および国際私法研究所」である）。

（2）両分野間の「伝統的な相互作用」としては、①抵触規範の比較すなわちエルンスト・ラーベルの主著である『抵触法──比較研究』全4巻（1945年─1958年）に代表される「比較抵触法（comparative conflicts law）」、②比較法による抵触規則の創造・起草の補助、③道具・手段としての比較法（抵触規範の機能を補助し、渉外事件の解決という実用的目的を比較法が果たす場合で、おもに裁判官を名宛人とする）、の三つの形態がある。

最後に掲げた実務的効用が発揮されるのは、①外国法についての情報の提供（複数の法システムのエキスパートである比較法学者のみが、例えば反致の場合などに、かかる情報を他国の者に intelligible な形で伝えうる）、②両親の属人法の比較、フォーラム・ノン・コンヴェニエンス、公序など特別の比較分析が必要となる場合、③国際条約の解釈（条約の目的が、国際私法ルールの世界的ないし地域的統一にあるため、条約の解釈は、締約国の実質法と実務を指針とする比較法的アプローチ・自律的解釈によらなければならない）に限られず、（とくにヨーロッパにおいては）標準的な抵触規範の日常的な解釈・適用についても、大いに比較方法に依存せざるを得ない。

（3）その顕著な例が、国際私法上の「性質決定」（Qualifikation）問題であり、エルンスト・ラーベルは、複数の法秩序を連結するという抵触規範の機能から、比較分析を通じて抵触規範を構成するというアプローチを主張したが、「渉外性のある現象」が──とくにそれが法廷地法にとって全く未知のものである場合に──抵触規範に含まれるかどうかを決する場合にも比較分析は

---

26) 滝沢・前掲注8) 24頁。渉外訴訟における外国法の証明、外国法の適用違背と上告可能性について機能主義的比較法を用いて詳しく分析した研究として、Geeroms, Foreign Law in Civil Litigation: A Comparative and Functional Analysis（Oxford U. P., 2004）.

27) 山内惟介『比較法研究 第二巻 比較法と国際私法』（中央大学出版部、2016年）640頁、646-647頁。

必要不可欠となる（英米法上のトラストは、ローマ法を基礎とする大陸法上の財産概念にはしっくり適合しないし、婚姻時に夫が妻に提供するイスラーム法上の mahr は西欧法システムには見られないので、これらの場合には法廷地法上の等価物〔equivalents〕との比較が役立つ[28]）。

4 法のハーモナイゼーション

(1) 第四の実務的効用として、比較法は、法統一のための予備的研究、EU 内部の法統一活動における加盟国の法構造の比較研究、条約の目的に従った自律的解釈の基礎となる比較法研究など、法の統一・ハーモナイゼーション・近接化（rapprochement）に役立つ。モデル法（soft law）ないし「諸原則」（principles）の作成にあたっても、比較法は必要不可欠である[29]。国連国際商取引法委員会（UNCITRAL）による仲裁・国際倒産モデル法や、ローマ統一私法国際研究所（UNIDROIT）およびアメリカ法律協会（ALI）による「国際民事訴訟原則」が想起される。

(2) 例えば、この「原則」の原型である「国際民事訴訟ルール」を起草する際には、機能的な比較分析の手法がとられた。すなわち、①西欧型の発展した訴訟制度に比較の対象を絞り、②各国の訴訟制度に共通する目的を想定し、③その目的が各国でどのように達成されているのかを確認して、そのための手続装置を形式・構造・機能・効率の観点から比較分析し（訴訟メカニズムに影響を与える文化的・政治的・経済的ファクターも調査する）、④民事司法の基本目的を達成するために最上のルールと手続装置を選択し、⑤各国で発見された手続装置を、その本来の文脈から切り離して、単一のシステムに統合したうえで、首尾一貫したルール群を作り上げる。

一貫したモデルを作成する際に前提となる訴訟モデルは、比較分析によれば、簡素さ・遅延防止・コスト削減という点で、プリトライアルとトライアルの二段階モデルがもっとも機能的・実用的である。第一のプリトライアル段階は、プリーディング、その修正、証拠開示を中心とするトライアルの準

---

28) Reimann, Comparative Law and Private International Law, in: Reimann/Zimmermann (eds.), supra note 9, 1364-1365、1367-1369, 1380-1387.
29) 大木・前掲注3) 84-87 頁の分析が秀逸である。

備である。その最終段階で、裁判所が当事者と協議して、証拠の許容性の決定および最終的な争点決定を行う。第二のトライアル段階では、当事者が口頭で証拠を提出しつつ、短期間の集中審理が行われる。[30]

(3) 法学の独立分野としての比較法の出現を促した1900年のパリにおける比較法国際会議は、文明人類共通法の理念に鼓舞されたランベールおよびサレイユによって指導されており、法の国際的な統一は、当初から比較法学の中心課題であると考えられていた。この刺激が、第一次大戦終結直後の国連の傘下でのローマ統一私法国際研究所（UNIDROIT）および1960年代の国連国際商取引法委員会（UNCITRAL）の設立をもたらしたが、両者の影響は限られたもので、グローバルなレヴェルでの法の統一は、ヨーロッパ中心に進められており、比較法学がそのプロセスにおいて重要な役割を果たしている。[31]

こうした「比較法と私法のヨーロッパ化」を詳しく論じたラインハルト・ツィンマーマンの包括的な概説を紹介し、ヨーロッパ私法の統一における比較法学の貢献を明らかにしておきたい。なお、ツィンマーマンは、ユス・コムーネ（普通法）という共通の伝統をヨーロッパ法のハーモナイゼーションの基盤に据える「ユス・コムーネ・アプローチ」の代表的存在である。[32]

(4) ツィンマーマンによれば、私法学が私法分野でのハーモナイゼーションの問題に真摯に取り組み始めたのは1990年代に入ってからである。

ヨーロッパ共同体指令による私法のヨーロッパ化はパッチワークの状態にあり、指令は施行法・法典化を必要とするので、内国の法体系の複雑さが増し、国内法の断片化が進む。ヨーロッパ司法裁判所の先行判決手続では、断片的ハーモナイゼーションが達成されるにとどまる。包括的・体系的ハーモナイゼーションは法典化による必要があるので、ヨーロッパ連合委員会は共通法原則を準備するというオプションを2001年に支持し、ランドー委員会のヨーロッパ契約法原則も、ヨーロッパ民法典のスタディ・グループの基礎として利用された。こうしたグループは、私的イニシアティヴにもとづく国

---

30) 貝瀬・前掲注4）330-331頁。
31) Zimmermann, supra note 9, 540-541. 貝瀬・前掲注25）99-100頁。
32) 貝瀬「比較法学者たちの饗宴(1)」立教法務研究3号（2010年）11頁。

際的学術協力の特殊な形態・法学のヨーロッパ化のあらわれである。

　ヨーロッパ法学生成のプロセスにおいて比較法学が果たした役割をツィンマーマンは検討し、①各大学が提供する法的訓練のヨーロッパ化（ヨーロッパ共同体委員会によるエラスムス／ソクラテス・プログラムの導入で、ヨーロッパ域内での学生の移動が激増した）、②ケッツの『ヨーロッパ契約法』のように、ヨーロッパ契約法研究・教育のための知的枠組を確立する教材の開発、③私法のヨーロッパ化の鍵となる国際的ネットワークの確立（「ヨーロッパ私法雑誌」などの新しいロー・ジャーナルの刊行と、1993年以来の「ヨーロッパ私法の共通の核心プロジェクト」）、④コモン・ローと大陸法との共通の基盤を探求しようとする歴史的・比較法的文献の大量の出現、⑤ヨーロッパ私法のハーモナイゼーションのためのもっとも先端的で国際的に流行している「諸原則」（Principles）の精緻化、⑥ヨーロッパ民法典の導入が望ましいとする比較法学者の増加と「スタディ・グループ」によるそのための作業、を概観してゆく。

　(5)　将来の展望として、ツィンマーマンは、①ヨーロッパ民法典への道を切り開くヨーロッパ共通法学の確立は現代の大きな課題で、そのような発展は始まったばかりである、②比較法はヨーロッパ化のプロセスにとって重要だが、比較法は法史学との協働から多大の利益を得る、③ヨーロッパにおける比較法学では、ヨーロッパ共同体私法が強調されなければならず、比較法は共同体法の確固たる基礎としてEU構成国に共通の概念や原則を示して、共同体法のヨーロッパ化に貢献しなければならない、と論ずるのである[33]。

Ⅳ　比較法と法源論

1　法源論の重要性

　ルネ・ダヴィッドの法源論に見られるように、比較法学者は法源論に格別の注意を払ってきた。その理由は、①法源論抜きには比較研究は困難である、②法源は比較法学の中心を占めてきた法族論における分類基準となる、③比

---

[33]　以上は、Zimmermann, supra note 9, 542-560, 568-577. 貝瀬・前掲注25) 100-109頁。

較法（学）それ自体が法源となりうるかという興味深い方法論上の問題にかかわる、というものである。[34] 以下、フォゲナウアーの研究によりつつ詳しく説明しよう。

（1）第一に、比較の対象とする法システムにおいて解釈・適用されている法源と、そのための法解釈方法論（legal methodology）とを知らなければ、当該法システムにおいて特定の法的問題に対して提供されている解決の比較研究は不可能である。

ツヴァイゲルト／ケッツは、比較法研究における法源とは、対象となるシステムにおける生ける法（living law）を形成するすべてのもの、そのシステムにおいて法律家が法として扱うすべてのものであり、比較法学者は、外国の法律家と同じ重みと価値をその法源に付与しなければならない、とする。すなわち、「この範囲で、制定法と慣習法、判例と学説、定型契約と普通契約約款、商慣習と習俗が研究されなければならない。このことは、比較方法に向けられた確固たる要求である」[35]。

（2）第二に、初期の比較法研究は西欧諸国に限定され、判例法と先例拘束性の原理にもとづくコモン・ローとシヴィル・ローとの対比が中心であったため、法源論が法族分類の決定的基準であった。

20世紀後半を席捲したツヴァイゲルト／ケッツの法族論においては、法源の分類基準としての重要性は低下したが、それでも（ツヴァイゲルトらの提唱する）法システムの「様式」を構成する五つのファクターの中に「法源の種類とその解釈方法」が含まれているし、その他の二つのファクターである「歴史的発展」と「特殊な法律的思考方法」の場合にも、法源とその解釈方法を参照せざるを得ない。法伝統論や法文化論においても、法源とその解釈方法に圧倒的な比重を置いている。

比較法学者が「法源」を論ずる場合、法源と表裏一体をなすのは、法システムの一般的特性ないし「環境」（climate）を形成する「法名望家」（legal notables）というキー・コンセプトであり、法源の種類とその順位を決定す

---

34) Vogenauer, supra note 12, 871. ルネ・ダヴィッドらの業績は、前掲注12）参照。
35) Id., 871-872. ツヴァイゲルト／ケッツ（大木雅夫訳）『比較法概論（上）』（東京大学出版会、1974年）49頁。

るのは、これらのグループ間の権力闘争であるととらえることができる。[36]

　(3)　第三に、比較法は（超国家法を含む）立法や法の適用・解釈を補助するけれども、比較法研究の結果はドメスティックな環境では立法者・解釈者を拘束せず、「法源」は拘束力と権威（bindingness and authoritativeness）の観念を含むものと解されているから、比較法を広い意味での法源と位置づけるのは難しい。

　しかしながら、ヨーロッパ共同体設立条約やヨーロッパ連合条約にいう、構成国の法に共通の一般原則（国際法源）は、各法システムの解決の比較研究によってのみ探究できるから、超国家的コンテクストにおいては比較法の規範的効力（normative Force）は遥かに強力で、国際法的「法源」と表現するのが適切である。[37]

2　比較法学における法源

　(1)　他の法システムにおける法源とその解釈方法を確定する際に、比較法学者は、「法源」を最も広い意味でとらえなければならない。法の実定的概念が支配的な法システムにおいては、法源の拘束的・権威的・強制的性格がその定義にふくまれるが、強固な自然法ないしその他の非実証的伝統を支持する法システムでは、法源がより広い意味に解されており、比較法学者は、比較対象国の法律家と同様に法源を理解する必要があるからである。

　もっとも、法源をリスト・アップしている立法は少なく（あるいは断片的であり）、対象国の法学者による法源論は比較法学者にとってあまり参考にならず（現実に認められている法源から乖離している）、法コミュニティにおいても見解が対立していることが多い。

　(2)　フォゲナウアーによれば、「結果として、他の法システムの現実の『法』が何であるかを確定しようとする場合に、比較法学者は、オフィシャルないしセミ・オフィシャルな言説（statements）や法源理論に依存することはできない。比較法学者は、メリマンを再度援用するならば、『フォークロア』を越えて、何が法源とみなされるべきか、他の法システムにおいて多

---

36)　Id. 873-874. ツヴァイゲルト／ケッツ・前掲注35）124頁。
37)　Id.　875-876.

様な法源がどのような順位にあるかについて、一定の感性を発達させなければならない。ほとんどの法システムにおいて、より立ち入って検討してみると、法源の決定についてとても了解が成立しているとはいえない。実際には、『法』、いやそれどころか特定の法的ルールでさえ、多様なファクターの混合から成り立っている。ある事実パターン（fact pattern）に対する解決は、法文、法的注釈、（矛盾対立していることもあるかもしれないが）学問的著作における示唆から生ずるのである」。

　「このような見地から、20世紀の指導的比較法学者の一人であるロドルフォ・サッコは音声学（phonetics）からの類推を用いた。すなわち、さまざまな特徴的な音声――いわゆる『フォルマント』――の総体から全音（full tone）が成り立つように、完全な法的ルールは相異なる『法的フォルマント』によって構成されているのである。国内の法律家は、さまざまなフォルマントの多様な強さ、すなわち各法源に付与される重みの相違を識別することを、何年にも及ぶ訓練と経験から学ぶのである。同一のバックグラウンドを欠くにもかかわらず、こうした能力を獲得することが、他の法システムに直面する場合に比較法学者に課せられる最大の課題なのである[38]」。

　(3)　フォゲナウアーは、法源とその解釈方法は比較法の永遠のテーマであるとしつつ、比較法学者の関心はもっぱら制定法と判例法に向けられており、それ以外の法源が無視されてきたこと、西欧の法源とその解釈方法を非西欧法域のそれと比較するという大きな課題が残されていること、伝統的な国民国家の法源とその解釈方法を超国家的な法システムのそれと比較する研究に乏しいこと、超国家的システム相互の法源とその解釈方法を比較することがきわめて重要な研究領域となりつつあることを、これからの課題として特記している[39]。

---

38)　Id, 878-885.「法源」の多義性については、Id, 878.
39)　Id, 896-897.

第 3 章　比較法の方法

I　序論——機能的比較法について

（1）　比較の対象となる法秩序は、研究の目的にとって必要かつ有益な対象国を自由に選択すればよい。その場合には、各国の法秩序を法族に分類するために各法秩序の全体構造とそれに特殊独特な形態とを体系的に比較する「マクロの比較」と、異なる法秩序に属する法規範や法制度を項目別に比較する「ミクロの比較」とが考えられ、その双方をあわせて比較法（学）という。

（2）　ミクロの比較は、比較される諸項目の間に比較可能性がある場合、すなわち、これらの項目が機能的に等価である場合に実現できる。両項目に共通の「機能」が、「比較の第三項」（tertium comparationis）として作用する。

　機能主義を基礎とする比較法学は、生ける法（living law）の研究の必要性と、個々の制度を制度全体との関連で見るべきことを強調したうえで、必要なのは——法制度の概念的形式、法体系における形式的地位ではなく——法制度の機能・目的であって、いかにして社会的利益にかかわる現実の紛争が法秩序により解決されるかを比較する、と説く。

第 3 章の注

1) 　滝沢正『比較法』（三省堂、2009 年）31-32 頁、大木雅夫『比較法講義』（東京大学出版会、1992 年）95 頁、五十嵐清『比較法ハンドブック〔第 2 版〕』（勁草書房、2015 年）152-153 頁。滝沢・同書 31-32 頁によれば、近代比較法学史を顧みると、それがヨーロッパで成立した 1900 年頃には、ヨーロッパ大陸諸国間における制定法の比較が中心で、均質的な各国法の比較によって共通立法を探求するという内容であったが（統一法の探究と自国法の改善がそこでの目標である）、第一次大戦後のコモン・ロー諸国への関心の拡大（判例法国への視野の拡大）、冷戦時の社会主義法・1960 年代以降の宗教や習俗と結合した第三世界の諸法の比重の増大によって、法の多様性を認識する比較法文化論的アプローチが主流となってゆく。
2) 　滝沢・前掲注 1) 32、37 頁（同 32 頁は、マクロの比較の一例として、英米法の判例法主義と大陸法の制定法主義との比較を挙げる）、大木・前掲注 1) 69、70、74 頁。
3) 　以上は、五十嵐清『比較法学の歴史と理論』（一粒社、1977 年）59-60 頁のラインシュタイン論文の紹介による。具体例につき、五十嵐・前掲注 1) 160-161 頁。

「比較研究の最善の出発点は、自国の法規および法原則が対象とする政策と目的を確定することにある。これらが確定されると、法律家は、これらの問題点（issues）に向けられた外国法上の法規および法原則を特定し、当該各法システムが政策のレヴェルでどの程度まで一致するか、そして最終的に、当該各法システムが異なった政策ないし目的を保持している場合には、このことがどのようにして、かつ、なぜ生ずるかを判別することができる」[4]。

　(3)　機能的比較の簡単な実例を挙げておこう。例えば、大陸法上の行為無能力者の法定代理（という一元的制度）に相当する場合に、コモン・ローでは、裁判所が未成年者の訴訟のために特に選任した「近友（next friend）」・「訴訟のための後見人（guardian ad litem）」、未成年者が法定相続人となる場合の「未成年期間中の遺産管理人（administrator durante minore aetate）」、未成年者の財産管理を担当する「受託者（trustees）」などの個別的諸制度によって対処しており、これらを一括して大陸法上の法定代理人と比較する必要がある。あるいは、契約における申込の拘束力につき、イギリス法では、「約因（consideration）」理論から、「承諾」がなされるまでは原則として自由に撤回できるとされ、これに対してドイツ法は申込の拘束力をみとめるが、ドイツにおいても申込者が自らの申込には「拘束力がない」などの条項を加えることで撤回する地位を留保できるため、法外在的事象を考慮すれば、両者とも大差はない。また、ドイツが公信の原則にもとづく土地登記簿制度を有するのに対し、英米では古い「不動産譲渡（conveyancing）」制度しか有しないが、これを機能的に補う「権原保険会社」（Title Insurance Companies）が発達した[5]。

　(4)　ただし、以上の機能主義的比較法学は、「異なる社会も類似のニーズに直面しており、それを満たすための機能的に等価な制度を有しているはずである」という推定、すなわち「類似性の推定」（praesumptio similitudinis）を前提とする。しかしながら、比較法学者は類似点と同様に相違点も重視すべきであるから、このような前提はイデオロギー的中立性の要請に反する、

---

4) A. von Mehren, Adjudicatory Authority in Private International Law: A Comparative Study (Brill, 2007) 3.
5) ツヴァイゲルト／ケッツ（大木雅夫）『比較法概論（上）』（東京大学出版会、1974年）51-52頁。申込の拘束力につき、ケッツ（潮見佳男＝中田邦博＝松岡久和訳）『ヨーロッパ契約法I』（法律文化社、1999年）37-40頁。

との批判が加えられている[6]。

　こうした機能主義的比較法は、さまざまな機能概念を綜合的・折衷的に利用するプラグマティックな――実証的というよりは構成的・解釈的な――アプローチである、と指摘される。そしてまた、機能主義は、ミクロの比較の一つのアプローチにすぎず、目的に応じて、比較法史・法移植・比較法文化論といった方法を活用できる[7]。この「方法論的多元主義」については、新たなアプローチとして後述する。

II　比較の三段階モデル――コンスタンティネスコの「比較法の方法」

1　三段階の比較方法

(1)　ミクロの比較の領域で精緻な実作を発表するとともに、労作『比較法第2巻　比較法の方法』(1972年)で比較法の方法を本格的に論じた、コンスタンティネスコの比較の三段階モデルをとりあげる[8]。比較法の方法論としてはもっとも詳細なものだからである。

(2)　まず、比較の対象となるのは、「法的素粒子」すなわち「法規・法制度・機能・法的問題複合体（den rechtlichen Problemkomplex）」であり、その対象が比較可能となるのは、対象（要素）間に等価性ないし機能的類似性がある場合である[9]。

　比較方法は、①比較の対象（法的素粒子）を、それが属する法秩序から切り離して、抽象的に「認識」する、②比較の対象をもとの法秩序に組み込み、統合して、法秩序とその対象（要素）との関係を「理解」する、③比較される対象（要素）間の相互関係、すなわち類似点と相違点を確認する（固有の「比較」）、の三段階に分けることができる。それぞれの段階を詳しく説明す

---

[6]　Michaels, The Functional Method of Comparative Law, in: Reimann/Zimermann (eds.), The Oxford Handbook of Comparative Law (Oxford U. P., 2006) 369-370.「類似性の推定」については、五十嵐・前掲注1) 162頁。

[7]　Id, 360, 362-363. 大木・前掲注1) 100頁。

[8]　Kischel, Rechtsvergleichung (C. H. Beck, 2015) 108ff. は、機能的比較法に代わる・古典的アプローチのヴァリエーションとして、コンスタンティネスコの三段階モデルとサッコの法的フォルマント論を紹介している。

[9]　Constantinesco, Rechtsvergleichung, Bd. II (C. Heymann、1976) 68, 97, 100.

ると、次のようになる。

2 認識・理解・比較・評価

(1) 第一に、比較対象の「認識」の段階では、①比較対象を、その構成要素および一連の下位問題に分解し、②外国法を記述する際に、この分解された比較の対象のあらゆる面を包含する「共通の比較のスキーム」(das gemeinsame vergleichende Schema) を、外国法のなかに発見しなければならない[10]。比較の対象は、外国法秩序で実際に機能しているとおりに、できる限り正確に理解・認識されなければならず、各国の法源全体の中で法源のヒエラルヒーを考慮して、主に第一次資料によって調査されなければならない（歴史的に形成されたイギリス法では、法源の複雑多様性が甚だしく、裁判官法であるコモン・ロー、それを補充訂正するエクイティ、二次的法源たる制定法が存在する。イスラーム法はコーランを第一次法源とし、アクセスが容易ではない）。

比較の対象の解釈は、それが帰属する外国法の解釈方法に従う。解釈方法は同一法族内でもヴァリエーションがあり、各法秩序に影響を与える「決定的要素」である（例えば、イギリスでは、制定法は二次的法源であり、その精神や立法者意思を探求せずに制限的かつ文言に忠実に解釈すべきである、とする独自の解釈方法論が存在する）[11]。

(2) 第二に、以上のようにして「認識」した比較の対象を、再び外国法秩序の中に組み込んで、その法秩序の「決定的要素」および「法外在的要素」と、この比較の対象との関係（外国法秩序において比較の対象が果たしている現実の機能）を「理解」する。ただし認識と理解は完全に区別できるわけではない。

「決定的要素」とは、外国法秩序にとって根本的で、独自性を表す要素（とくにイデオロギーと精神）で、「法外在的要素」とは、その外国の政治的・経済的・社会的環境を構成する要素（例えば、戦争や産業の発展など）である。

コンスタンティネスコによれば、法秩序は、すべての法的素粒子が固有の

---

10) Id, 145, 147-148.
11) Id, 151-153, 160-185, 186ff., 203, 206, 215-218, 220, 224, 229-231. 貝瀬「比較法学者たちの饗宴(2)」立教法務研究 5 号（2012 年）125-127 頁。

秩序原理に従って統合された有機的統一体であり、同じ法秩序内の隣接した（あるいは補充的な）法制度が比較の対象に影響を及ぼすことから、比較法学者はかかる隣接的・補充的諸制度をすべて調査しなければ、法システム内での比較の対象の現実の機能を理解できないのである。例えば、イギリスのコモン・ローでは、契約の任意履行がなされない場合に、債権者は損害賠償で満足するしかないとされるが、エクイティ上の特定履行（specific performance）制度が義務の履行——不作為義務の場合は、インジャンクション——を債務者に命ずることで、これを補充している。[12]

(3) 第三に、各法秩序における比較の対象を対置して、類似点と相違点とを体系的に整序し、その両者が生ずる理由・原因を確認するのが、最後の「固有の比較」のプロセスである。比較方法の「認識」「理解」の段階の記述的・分析的探究を、批判的・総合的な比較によって完成するのである。

比較とは、特定の目的に向けられた精神的プロセスであって、このプロセスで確認される各国の比較要素（比較対象）間の「関係」とは、決して所与のものではなく、比較法学者が作成した「構成物」、比較法的考察の結果である。こうした要素間の「関係」を発見して、新たな認識をもたらすのが比較方法の役割で、そのことで法秩序の類縁性が意識され、ミクロ比較法がマクロ比較法への道を整える。

比較の対象相互間に異同が生ずる原因を解明する際には、法の成立と発展に影響を与える法外在的な基盤にも深く立ち入らざるを得ず、それゆえ異同の原因は多数存在することを比較法学者は忘れてはならない。コンスタンティネスコは、異同の原因が生ずる原因として、経済的原因・政治的ないし社会的原因・立法者の決断・制定法の不十分さを挙げ、例えば契約の解除に関する独仏民法の規律の差異は歴史的理由から説明できるとしている。[13]

(4) なお、比較法によって明らかにされた諸解決の中でどれが「最良」かを最後に判断すべきか。すなわち、「評価」によって「固有の比較」を締めくくるべきか。比較によって追及する目的次第であろうが、ミクロの比較の

---

12) Id, 232-233, 238, 241, 242-250, 257. 貝瀬・前掲注11) 162-164 頁。
13) Id, 89-91, 283-285, 288, 291-297, 303-314, 323-325. 契約の解除についての独仏民法の差異は、貝瀬・前掲注11) 132-133 頁。

効用として立法・解釈に役立つことがあげられる以上、固有の比較の段階で評価を加えておくべきであろう[14]。

(5) 比較の段階において、類似点と相違点のいずれにどの程度の重点を置くか（両者の適正なバランス）は、比較の目的（および比較のステップ）に応じて異なってくるであろう。例えば、法の統一ないしハーモナイゼーションを目的とする比較法研究では、結果の類似性を探求する傾向があるが、統一法は国内法よりも一般条項の形式をとる必要が高く、「様式、手続、メンタリティ、価値判断」といった統一できないファクターが統一法の適用に影響するので、統一のための比較研究はこれらの相違にも注意する必要がある[15]。

III 比較法方法論の多元性（methodological pluralism）について

1 機能の意義

(1) 機能的方法は比較法の中心的論点であるが、その内容について緻密な理論的分析はほとんどなされず、ただ、①機能主義的比較法は事実中心的で、ルールよりもその効果に注目する、②事実中心のアプローチを、「比較法の対象は、社会との機能的関係に着目して理解されるべきである」とする理論と結びつける、③機能それ自体は、比較の第三項（tertium comparationis）として作用する（機能的に等価であれば、比較可能である）、④機能主義は評価基準として働きうる（より良き法を求める比較）といった点で、諸家の見解は一致している。さらに、機能主義の方法論を明示して成功した作例は稀であり、「機能的方法」とは実は伝統的比較法の別名にすぎない場合が多い、と批判されている[16]。

(2) 機能主義的比較法にいう「機能」とは、多様な機能主義概念を綜合的・折衷的に利用しており、認識機能・比較機能・推定機能（類似性の推定）・評価機能・普遍化機能・批判機能のいずれの点でも、エルンスト・ラーベルが考えていたような強力な道具ではないのである。機能的比較は普遍

---

14) 詳しくは、貝瀬・前掲注11) 133-134頁。
15) 貝瀬・前掲注11) 178頁以下。
16) Michaels, supra note 6, 340-341.

的問題を比較の第三項として設定する構成的・解釈的活動で、機能的等価性とは、相違も存在する中での類似性であり、どの機能に着目して（それを比較の第三項として）類似性を発見するかは、比較法学者の焦点の合わせ方次第である。[17]

2　アプローチの多様性

(1)　比較法と法社会学・法文化論・法史学などとの交流を指摘した「比較法の意義」の叙述から明らかなように、比較研究のためのアプローチは極めて多彩である。「法移植とグローバリゼーションの黄金時代」においては、比較法は法的理解・コミュニケーションの手段となるべきであり、法のコンテクスト的および文化的背景に対する無関心はもはや許されない。

　機能主義はルールと制度の研究には適することから（法文化の研究には他のアプローチの方がすぐれている）、発達した法システムの場合には機能主義が「合理的で堅固な分析の基礎」となる。その場合には、「類似の推定」に依存しない「穏健な機能的比較法」（moderate functional comparative law）が支持されるであろう。

　こうした法システムの発達の度合い、比較法学者の知的関心（好奇心）、研究者の個人的な好みと専門的知識、比較法研究の目的に応じて、もっとも有効適切なアプローチが選択されればよいであろう。多様なアプローチの融合も可能である。混合法論を主導したエリュジューや、労作『世界の諸法伝統』によって伝統的法族論を静態的分類学として厳しく批判したグレンも、方法論的多元主義を支持している。[18] ただし、後述するように、多様なアプローチを包摂する包括的なフレームワークが必要であろう。

(2)　比較法の方法を中心とする現代の代表的テキストブックであるマティアス・ジームスの名著『比較法』（第2版、2018年）は、伝統的な機能的比較法から出発しながら、「比較法は多様な目的に役立ちうるので、方法の多元性は実り豊かな方法で活用できるといえよう。しかしながら、以下に示すよ

---

17) Id, 344-360, 362-370.
18) Husa, Farewell to Functionalism or Methodological Tolerance ?, 67RabelsZ.（2003）419, 443, 446. 貝瀬「比較法学者たちの饗宴(4)」立教法務研究10号（2017年）339-340頁。

うに、比較研究の学際的特質に重点が置かれる」とする。

　ジームスは、伝統的比較法のコアな要素として機能主義と普遍主義を挙げ、伝統的比較法学のリーガリズムと理論中心主義（doctrinalism）に反対する点で共通の、「比較法の方法を拡大するアプローチ」として、ポストモダン比較法、社会法学的比較法、数量的（numercial）比較法を検討する。ただし、これらの新しいアプローチは貴重であるが、伝統的比較法を全て放棄すべきではないと強調する[19]。以下では、最も充実しているポストモダン比較法に関するジームスの叙述を取り上げてみたい。

3　ポストモダン比較法

　(1)　ポストモダニズムとは、20世紀半ばに始まる文化研究、機能主義の排除、ローカルな説話の流行、多元性・間主観性（Intersubjectivity）・経験・ヘルメノイティクス・雑種性の重視と結びついた潮流の総称である。

　ポストモダン比較法は、一見類似している言語と概念が法システムごとに異なった意味を有すること（差異）に関心があり、それゆえ比較法の主たる目的は、法システム間の共通分母の発見ではなく、その複雑さを理解するところにあるとする。また、研究者のアイデンティティと自己認識が外国法の理解を決定するため、伝統的比較法の中立性の仮定は排除される。

　(2)　ポストモダン比較法――機能主義の排斥、一般化よりもローカルな特殊性の尊重、法における文化の役割・多元主義・主観性の重視において共通する――は、ジームスによれば、①（比較法に限られない）法の深いレベルの分析（自国法・外国法への浸礼・没頭〔immersion〕を要求するアプローチや、法多元主義）、②深いレベルの比較（法理学的・構造的アプローチや、文化的・言語的アプローチ）、③批判的比較法（政治としての法、言説〔discourse〕としての法、否定的比較法〔negative comparative law〕）に分類できる。本書の「グローバル比較法」において再登場する「法多元主義」について、ジームスは次のように言う。

　法多元主義の代表的な定義は、「法秩序ないし単一のルールは、古くから

---

[19]　Siems, Comparative Law（Cambridge U. P., 2nd ed., 2018）31ff, 114, 144. 初版については、貝瀬・前掲注18）341-343頁。

の伝統、宗教、人々の意志、国家間の合意のような多様な正当化の源泉（sources of legitimacy）に根拠を有することがありうる。同一の社会領域におけるそのような法形式の共存は、一般的に『法多元主義』と呼ばれる」（ベンダ＝ベックマン）というものである。法多元主義者は、国家のみが法を創造できるとするのは「神話」にすぎず、社会秩序の規範性の根拠は多様である、という。法多元主義の典型例は、発展途上国の部族共同体のように、慣習法が重要な役割を果たす場所である。

また、法多元主義者は、西欧法システムにも多元主義は遍在すると強調する（各国の法システム、EU、ヨーロッパ人権条約の規範秩序の競合）。ジームスは、「伝統的比較法ですら、言語・慣習・道徳規範・エチケットのようなファクターが機能的等価物（functional equivalents）とみなされる限りで、それらから眼を閉ざしはしないであろうから、これは法多元主義特有の問題ではない。したがって、適切で可能な限りで、多元主義者的法観念は比較法研究に包含されるべきである」と評価している[20]。

比較商法学のスペシャリストであるジームスは、法の収束の可能性は否定せず（批判的比較法に分類されている「言説としての法」アプローチに対するジームスの評価は低い）、伝統的比較法学の枠内で各アプローチからの批判を活かそうとするのである。

(3)　こうしたポストモダン的比較法は、アプローチの多様性を示し、方法論的意識を刺激し、伝統的比較法学の限界を明らかにした点で重要である。しかし、だからといって伝統的方法が時代遅れというのではなく、コンテクストを踏まえた比較法を発展させるためには、他の学問分野からさらに道具を提供してもらう必要があることが明らかになったというべきであろう。

ポストモダン比較法の可能性を検証するにとどまらず、ジームスは、伝統的比較法における「法」のフォーマルな理解を、法社会学的な「法文化」と取り換え、法と社会の相互関係を考察する「社会法学的比較法」（socio-legal comparative law）のアプローチは、法族間の相違が単にテクニカリティの相違にとどまるのかどうかを明らかにし、法と社会の関係に対する理解を深め

---

[20]　Id, 117ff. 貝瀬・前掲注 18) 343-347 頁。

うるなど、多くの利点を有する、と述べている。[21]

4　方法論的多元主義とその批判

(1)　「方法論的多元主義」の提案に対しては、誤解を招きやすいとの批判がある。すなわち、方法論的多元主義は、全ての法分野に妥当する比較法研究の方法論的フレームワークとの関係で論じられる場合に限って有益であり、その場合には、そのフレームワークの適切な部分でどの方法が用いられるのかを示しつつ、方法の選択に当たって決定的なファクターが指摘されるのである。

たしかに多様な方法は存在するが、それは比較法研究プロジェクト「全体」に関連する方法が多様であるという意味ではない。比較研究の単一の方法論的フレームワークを構築することが可能で、まずプロジェクトの目的と比較対象の選択方法を確定し、対象間の類似と相違を指定したのちに（これが比較である）、その原因を説明し、プロジェクトの目的が法改革である場合には、多様な解決を「評価」する。比較研究の目的は、規範的目的（評価目的および規律目的）と、非規範的目的（記述目的および説明目的）とに分けることができる。

(2)　以上の包括的方法ないしフレームワークは、論者によれば、1　準備段階、2　記述段階、3　比較段階および（類似と相違をもたらす諸ファクターの）説明段階、4　評価段階に整序することができ、この各ステップに多様な方法が結びつきうるというにすぎない。

準備段階は、①法システムの選択、②比較さるべき対象の決定（比較可能性の問題）、③研究プロジェクトに含まれる法源（sources）の決定である。周知の機能的方法は、本来は準備段階の特定の部分――選び出された多様な法システムの中から、"apples and oranges" comparison を避けるために、比較の対象を選定すること――のみに関するものである。最後の「法源」の決定に際しては、「法律外的ルール」も比較研究の対象に含まれる。その限りで、この論者は法多元主義もフレームワークの中に取り入れていることにな

---

21)　Id. 178. 貝瀬・前掲注 18) 351-352 頁。

ろうか（論者はここでロドルフォ・サッコの見解を援用している。サッコは、比較研究の対象は法規範であるとしつつ、法システムでどの規範が適用されるのかを、誰がいかにして決定するのかが問題である、規範は単一の法源から導き出されるものではない〔常に組み合わせである〕、規範は複数のブロックすなわち formanti から構成され、その特定には事実的アプローチ——一連の事実から出発し、選択された法システム中の解決を探す——が強く推奨される、といった洗練された方法を開発したのである）。

(3) このフレームワーク中の（異同の）「説明」段階では、比較方法論は、異同をもたらす諸ファクターを提示できるにとどまり、政治学・法史学・法社会学・法人類学・統計学・経済学などの他の学問分野のエキスパートと協力してその技法を利用すべきである。比較法研究の包括的方法論は、あらゆる法分野のあらゆる比較法研究プロジェクトに通用する単一のフレームワークが存在することを明らかにするところから出発し、比較方法の目的と役割を確定し、研究目的が多様な方法の選択に及ぼす影響を分析する必要がある、と説かれるのである[22]。方法論的多元主義の不明確さを明らかにする提言であるが、方法論的多元主義を支持する見解も、伝統的な比較のフレームワークを放棄していたのではないことに注意する必要がある。

---

22) Oderkerk、The Need for a Methodological Framework for Comparative Legal Research, Sense and Nonsense of "Methodological Pluralism" in Comparative Law, 79 RabelsZ.（2015）602-623. 貝瀬・前掲注18) 28-34 頁。

第 2 部　法族・法系・法伝統・法移植

第 1 章　序論——古典的法族論の意義

1　法族論の効用と批判

（1）　法族論・法系（法システム）論（法圏論ともいう）とは、世界の諸法秩序を比較的少数の「法族・法系」に分類するための理論であって、マクロ比較法の中核を占める。その効用は次のとおりである[1]。

第一に、対象選択のレヴェルでの効用が認められる。すなわち、各法族を代表する法秩序（母法）を選び、それに研究を限定することで、比較研究が容易になる。特定の法制度ないしその機能に関するミクロの比較においても、同様の効用が存在する[2]。

第二に、外国実定法の内容の理解を容易にする。法族論における当該外国法の位置づけを知ることにより、その内容を大きく誤解しないですむし（判例法主義、宗教法の国など）、法制度の理念型をなす法を明らかにすることで、特定の法族に属する諸国の法の特質を容易に把握できるようになる[3]。

第三に、多数の外国法間の歴史的関係を明らかにする法的遺伝学（legal genetics）として機能しうる[4]。

第 1 章の注
1)　五十嵐清『比較法ハンドブック〔第 2 版〕』（勁草書房、2015 年）185-186 頁。各概念につき、滝沢正『比較法』（三省堂、2009 年）56-57 頁。
2)　五十嵐・前掲注 1) 186 頁、大木雅夫『比較法講義』（東京大学出版会、1992 年）94-95 頁、ツヴァイゲルト／ケッツ（大木雅夫訳）『比較法概論　原論(上)』（東京大学出版会、1974 年）61 頁。
3)　滝沢・前掲注 1) 57 頁。

第四に、深い外国法研究のできない学生に対し一般的概観を提供するという教育的価値がある[5]。

第五に、法律家に対してグローバルな視点を育み、法思考に寄与する（自国中心主義からの解放）。「法のグローバルな地図を描こうという認識上の要求が、明らかに法族論を駆り立てる力であった。今日においてさえ、ミクロのレヴェルの複雑さを超えようとする強い衝動と、法をグローバルな現象として理解しようとする欲求がうかがわれる[6]」。

(2) こうした効用を有するとされる法族論に対する主要な批判を整理しておこう。

第一に、従来の法族論は過度に西欧中心であり、文化的に狭すぎる。法史学・法社会学・人類学との協力は進んでおらず、そのため、法文化論・法伝統論からの挑戦に十分対応できない[7]。

第二に、法族論は私法中心であり、比較公法学の立場からの法族論が必要である[8]。

第三に、法族論における従来の分類の大枠すら動揺している。すなわち、ローマ・ゲルマン法族、コモン・ロー族と並ぶ「第三法族」として、混合法族（mixed legal systems）を位置づける見解が登場している[9]。

第四に、法族の分類が可能だとしても、分類基準に応じて多様な法族論が生まれ、優劣をつけにくい[10]。

第五に、個別の国ごとの比較やエリアごとの比較の方が有益である。「英米法系の学者は総じて法族論について懐疑的である。ヨーロッパ大陸では法発展にローマ法以来の伝統を有し、それが域内でまたは世界にどのように伝播していったかについて関心が高い[11]」。

---

4) Husa, Legal Families, in: J. M, Smits (ed.), Elgar Encyclopedia of Comparative Law (E. Elgar, 2nd ed., 2012) 493.
5) Id, 494. David/Brieley, Major Legal Systems in the World Today (Stevens, 3rd ed., 1985) 21.
6) Id, 492. 滝沢・前掲注1) 58 頁は、「法思考への寄与」と表現する。
7) Id, 499.
8) Id, 500.
9) Ibid.
10) 滝沢・前掲注1) 59 頁。
11) 五十嵐清『比較法入門』（日本評論社、1968 年）79 頁（注11）、滝沢・前掲注1) 59 頁。

2　今後の展望

　以上のような批判はあるが、法族論以上のアプローチはいまだ提唱されておらず、比較法学者がこれを放棄する見込みはないであろう（グレンの法伝統論による根本的批判については、後述する）[12]。わが国において最も高水準の法族論を展開した五十嵐清は、「少なくとも当分の間は、法系論はヨーロッパを中心として、トーンを落としながらも存続し、特に教育面で多大の役割を果たし続けるであろう」、「ただ前世紀の後半に見られたような大きな比較法は、しだいに姿を消すのではないか」と展望している[13]。

第2章　ルネ・ダヴィッドの法族論と歴史記述

1　総説

　(1)　多彩な法族論の中でも、過去数十年にわたって比較法学の基礎となり、版を重ねて学問的影響力をますます強め、今日においても暗黙の裡にパラダイムとしての性質を有するとされるのが、ルネ・ダヴィッドとツヴァイゲルト／ケッツの法族論である。本書では、ダヴィッドの名著『世界の主要法体系（法システム）』（初版1964年）の法族論（自らの分類学に応じた各法族の詳細な記述に成功した好例）の中でも、ローマ＝ゲルマン法族の部分を、広く普及した英語版第3版（1985年）によって紹介しよう[1]。

　(2)　ダヴィッドによれば、各国法は一つのシステムを形成しており、立法者も、法規や法概念によって組織された構造、文明や思考様式などと密接に

---

12) Husa, supra note 4, 500.
13) 五十嵐・前掲注1) 258-261、306頁。

第2章の注

1) Husa, Legal Families, in: J. M. Smits (ed.), Elgar Encyclopedia of Comparative Law (E. Elgar, 2nd ed., 2012) 496. ダヴィッドの著書の英語版は、David/Brieley, Major Legal Systems in the World Today (Stevens, 3rd ed., 1985). 法系論・法族論の学説史は、五十嵐清『比較法ハンドブック〔第2版〕』（勁草書房、2015年）187頁以下、同『比較法学の歴史と理論』（一粒社、1977年）163-176頁、滝沢正『比較法』（三省堂、2009年）60頁以下、Husa, Id, 385-389に詳しい。

結びついた、法における恒常的要素を恣意的に変更することはできない。法族の分類基準となるのは、こうした恒常的要素である。

　この要素とは、①技術的観点（各国法のボキャブラリー、法源のヒエラルヒー、法源の異同）と、②法の基礎となる哲学的・政治的・経済的諸原理であって、これら二つの基準は併せ用いるべきである。ただし、法族概念は講学上の道具にすぎないから、分類の目的やパースペクティヴによって、どの分類が適切かも変わってくる[2]。

　ダヴィッドは、現代の主要法族を、ローマ＝ゲルマン法族、コモン・ロー族、社会主義法族（ソ連邦崩壊後の原著第11版からは、「ロシア法族」）にまず分かち、さらに、「法および社会秩序に関するその他の考え方」というカテゴリーを設けている。しかしながら、最後のグループに属する各法システムは完全に独立しており、これは真正な法族とは異なると批判されていた[3]。

　(3)　まず、「ローマ＝ゲルマン法族」とは、ローマ市民法・ユスティニアヌス法典を基礎とし、私法を中心にヨーロッパの諸大学で発達した法律学を有し、19世紀以来は「法典」の形式による立法を格別に重視するに至った、ヨーロッパ起源の法族である。「ローマ＝ゲルマン」という用語は、ラテン系およびゲルマン系の諸大学が、中世においてこの法システムを形成する中心的役割を担ったことを示すために用いられる。また、「コモン・ロー族」においては、トライアルでの特定の紛争解決のために裁判官が中心となって法形成をはかり、手続法が実体法以上に重視された。コモン・ローは王権と結びついて発展した公法であったために、ローマ法学の影響は極めて少なく、法概念や法技術はローマ＝ゲルマン法族と全く異なる内容となった。

　(4)　しかしながら、両法族とも、キリスト教と、ルネサンス以来の個人主義・自由主義・個人の権利を重視する哲学教育とにおいて共通しており、とくに近年両法族は大幅に歩み寄っているため、「西洋法・西欧法」（western law）という統一的大法族を考えることもできよう（混合法域の存在も、こうした提案を補強する[4]）。ダヴィッドの本書の各法族の具体的叙述は、いずれも法

---

2)　David/Brieley, Id, 18-22. 貝瀬「比較法学者たちの饗宴(3)」立教法務研究8号（2015年）115-116頁。
3)　Husa, supra note 1, 496.

族の歴史、法構造、法源の三部構成となっている。

2　法族形成の歴史

(1)　ダヴィッドは、ローマ＝ゲルマン法族形成の「歴史」を、慣習法の時代（13世紀から18世紀）、制定法の時代（18世紀以降）、ヨーロッパを超えた拡張の三段階に分かって論じている。まず、5世紀の西ローマ帝国の滅亡に伴い、ローマ法の支配も衰える。13世紀前のヨーロッパ法は、本質的に慣習法的性格を有しており、中世の法は、各人の個人的関係にもとづいて多少なりとも自発的に遵守する「行動ルール」であった。

ローマ＝ゲルマン・システムは、西欧における12・13世紀のルネサンスと結びついて——いまだヨーロッパの政治的統一が存在しない時代に——生まれたもので、文化共同体を基礎としている。都市と商業の発展により生まれた新しい社会は、秩序と取引の安全を保障する「法」の必要性を再び意識するようになり、友愛にもとづくキリスト教社会という理念は放棄された。

こうした法のルネサンスを支える理念を普及させたのが、当時の西欧の文化的中心であった大学である。すなわち、イタリアやフランスは封建制による分裂状態にあり、多様でプリミティヴな地域慣習のほかに国家法を欠いていたので、ボローニャに代表される中世の諸大学で教授されたのは社会組織のモデルとしてのローマ法（普通法）であった。14世紀の後期注釈学派以後15世紀までの、大学教育におけるローマ法の現代化（カノン法の影響を受けた「パンデクテンの現代的慣用」）を経て、17・18世紀には、社会的要請に対応するために、ユスティニアヌス法典ではなく理性にもとづく自然法を講ずる自然法学派が大学において勝利をおさめ、法典化の基礎を築いた。自然法学派は、法は理性の産物であるから創造・制定できると説き、人間理性により普遍法を確定できることを根拠に、地方慣習を統合してゆくことによって法典化への道を開いたのである。[5]

(2)　中世の大学で教授された法の理念は、現実の社会でどの程度受容され、どのようにしてヨーロッパ諸国のモデルとなったのか。ダヴィッドは次のよ

---

4) David/Brieley, supra note 1, 24-25, 26 Nr. 21. 貝瀬・前掲注2) 116-117頁。
5) Id, 39-49. 貝瀬・前掲注2) 118-119頁。

うに解説する。

　12世紀以降の「法の理念のルネサンス」のあらわれが、第4回ラテラノ会議の決議（1215年）であり、聖職者が神判に訴える手続に関与することを禁じたため、それにかわってカノン法の合理的で洗練された書面主義的訴訟手続がヨーロッパ大陸でモデルとして受容され、13世紀から16世紀の間に、裁判運営は、大学でローマ法教育を受けた法律家がコントロールするにいたった。中世において、法は現在のような安定性・包括性を欠いていたので、法を発見・形成する責任は、大学の法学者の学説によって指導された裁判所が担った。

　ダヴィッドは、土着の固有法がどの程度ローマ法の権威によって補完されたかが重要であるとする。フランスにおいては、「王はその王国内ではその皇帝なり」という理由から、ローマ法に強行的・義務的性格は認められず、「書かれた理性」の権威に基づき、ローマ法が全土で容認されていた。神聖ローマ帝国内では、原則として（慣習法が排除しない限り）ローマ法が継受されたが、帝国内であっても、スイスのカントンやザクセン・シュピーゲルに服する地域ではローマ法の継受は生じず、「書かれた理性」として普及するにとどまった。

　司法制度・訴訟手続が与えた影響はより重大で、まずフランスでは、裁判所が地方慣習法の内容を証明する「証人群による証明」（enquête par tubes）手続によって、ローマ法の浸透が妨げられていたが、14世紀には、ローマ法を社会の要請に適合させる役割を果たすパリ最高法院が設立された。ドイツおよびイタリアではこのような慣習法を確定する手続は存在せず、ドイツにおいては、司法組織が著しく混乱していたため、訴訟記録を大学に送付し（Aktenversendung）、地方慣習に通じていない裁判官は「法律家の共通の意見」（communis opinio doctorum）に進んで従うという慣行が発達し、裁判を統一する共通の基盤としてローマ法の圧倒的な影響が及んだ。

　さらにダヴィッドは、13ないし18世紀における地方慣習法の公的・私的編纂、フランスの最高法院の16・17世紀の法規的院判決（arrêts de règlement）による慣習的普通法の形成、ローマ法の強固な移植による国家法化（ローマ法たるユス・コムーネに比べ、ハンザ同盟の都市法から発達した「ドイツ私

法」は、雑多な内容にとどまった)、ラテン諸国の状況に言及している[6]。

(3) ダヴィッドは、18世紀以降の自然法学派の目覚ましい成果として、第一に、治者と被治者との関係を規律する新たな法分野を認知し、公法学の発達を促したこと、第二に、法典化を実現したこと、を指摘する。

この法典化は、(フランス国外でナポレオン法典が採用されたように) ヨーロッパの共同体を強化し、ヨーロッパを越えてローマ＝ゲルマン法族を拡張したが、その反面、民法典という形式での「理性の実現」によって、教育を通じて正しい法を探求しモデル法を提示するという大学の伝統が弱まり、法典化を促した実践的・進歩的精神に反して、注釈学派のアプローチ・法実証主義的態度に後退した。「法典化の目的は、19世紀の状況とニーズに応じた新たなユス・コムーネの諸原則を宣言するところにある」とする法典化の推進者たちの考えとは異なり、普遍主義的精神の衰退と19世紀におけるナショナリズムの興隆のもとで、法典は、「法の国家化」の道具——局地的な慣習を国家レヴェルに一般化ないし再編したもの——とみなされた。

ダヴィッドは、以下のように強調する。今日では、法の形成発展における学説・判例の重要な役割が明示的に承認され、19世紀のような法実証主義は退潮し、国際条約の増加と比較法の発達によって、裁判官は次第に外国の法概念と法解釈を考慮するようになり、法的ナショナリズムは衰え、ヨーロッパの法典化運動によって生じた危機は一時的なものにすぎない、と期待できるようになった。現代における自然法への関心の復活は、ユス・コムーネの理念の再生をもたらすであろう。社会に普及している正義の観念を実体化・実現するのが法および法律家の役割であるから、新しい理念（配分的ないし社会的正義）にもとづく新しい法を実現するには、伝統的な法技術だけでは足りず、外国の実務を観察し、比較法を利用することが特に重要である。現代の法学者たちは、法典化の本来の理念に立ち返り、比較法はヨーロッパの継承者であって、ヨーロッパのユス・コムーネを発展させる手段である、と理解しようとしている（サレイユ、ランベール、ツヴァイゲルトら）。

ダヴィッドによれば、ローマ＝ゲルマン法は生ける法 (living law) であり、

---

6) Id, 49, 53, 54-61. 貝瀬・前掲注2) 119-120頁。

生き続けるシステムには一定の多様性が自然と生まれ、法族の一部が自立を目指して離脱しようとする運動が生ずる。大学における数世紀にわたるローマ法教育は多様であったものの（ガリア的学風、イタリア的学風など）、自然法学派が勝利をおさめたことによって、ヨーロッパ大陸法の統一性が回復され、法典化の成功もローマ＝ゲルマン法族の分裂をまねくものではないことが明らかになりつつある。フランスとドイツの法典化のタイム・ラグは、両国の民法典の方法とスタイルを異なるものとしたが（ドイツでは、パンデクテン学派にもとづくローマ法原則の体系化が可能であった）、これは歴史的偶然であって、恒常的対立の原因とはならない。真に革命的で、法の基本的・哲学的観念を否定し、法なき社会の到来を予言する社会主義法族でも、その法観念は、ローマ＝ゲルマン的伝統にもとづく法学教育を受けたマルクスおよびレーニンの哲学に立脚し、19世紀に有力であった——法は立法者意思の表明であるとする——法実証主義に直接由来するものである。[7]

　(4)　ダヴィッドのローマ＝ゲルマン法族形成史の末尾は、海外での植民地化および19世紀・20世紀に採用された法典化の技術による、ローマ＝ゲルマン法族の「ヨーロッパを超えた拡張」である。

　まず、アメリカにおけるスペイン・ポルトガル・フランス・オランダの植民地は、ローマ＝ゲルマン法族の特徴的な法の理念を受け入れ、タウンの外で適用されていた未発達の実務上の法の学問化が進んだ。スペイン領であったアメリカ諸州はコモン・ロー域となり（フロリダ、カリフォルニア、アリゾナ、テキサスなど）、ルイジアナ、（カナダの）ケベック、プエルトリコなどは、「コモン・ローから若干の要素を借用し、ある程度までローマ＝ゲルマン法族への帰属性を維持している『混合』法域である」。

　アフリカでは、極めて細分化された部族の構成が、あらゆる法的進化を制約していたが、植民地化によって法の理念そのものが、秩序と平和とともに輸入された、とダヴィッドは説く。フランスの感化を受けて、エチオピアは1957年・1960年に民・商・刑法典を採用したけれども、「エチオピア法と他のブラック・アフリカの法が、ローマ＝ゲルマン法族内の独立したグループ

---

7) Id, 66-74. 貝瀬・前掲注 2) 120-122 頁。

と考えられるかどうかは、今後の進化のいかんによる」。

「イギリスによる併合以前は、南アフリカ連邦を構成する諸国は、オランダによる植民地化が原因で、ローマ＝ゲルマン法族に属していた。そこで適用されていたローマ法系オランダ法（Roman-Dutch law）は、イギリスの支配によって危険にさらされた。その影響を受けて、今日では、南アフリカ、ジンバブエ、ボツワナ、レソトなどでは、『混合法』であることを示す変化が生じた」。

「北アフリカも同様に、それを分かつ多様な諸国が、植民地化ないしフランスの政治的・文化的影響によって、フランス法ないしイタリア法の影響を受けていることから、ローマ＝ゲルマン法族に属している。しかしながら、これらの諸国では、イスラーム法が重要な役割を維持し続けている。今日では、この両システムの理念を結合しているこれらの法は、同じく「『混合法』と考えられなければならない」。

アジアおよびインドネシアについては、ダヴィッドは次のように概観する。まず、第一次大戦まではイスラームの伝統に忠実であったトルコは、それ以後の立法によりすべてのイスラーム的要素を排除して、ローマ＝ゲルマン法族の完全な一員となった。「1918年のオスマン帝国の分裂によって近東で形成されたアラブ諸国は、トルコほど革命的ではなかった。その進化はエジプトに似ていた。1918年から、アラブ諸国は、オスマン帝国が残したフランスとの法的つながりを維持・強調したが、トルコのように法が完全に世俗化されることはなく、若干の事項については、イスラーム教を信奉する人々のためにイスラーム法による規律を残した。イスラエルの場合は特別で、イギリスの委任統治のために、以前は効力を有していたフランス＝オスマン法（Franco-Ottoman law）が、コモン・ローの影響によって大幅にとってかわられた。イラクとヨルダンでも同様の事態が生じたが、これらの国で委任統治が消滅すると、ローマ＝ゲルマン法の諸概念が復活した」。

アラビア半島は、今日に至るまでローマ＝ゲルマン的影響をほとんど受けておらず、そこがどのようにして近代化されるのかは謎のままであるが、フランス・モデルに従って法典化を行ったイランは、エジプト、シリア、イラクに相当する状況にあり、ローマ＝ゲルマン的理念とイスラームの理念にも

とづいた混合法である。

　アジアのもう一方の端では、ローマ＝ゲルマン法族の中国における一時的な成功が、共産党によって破壊された。日本、台湾、タイ、韓国とローマ＝ゲルマン法族との結びつきは維持されているが、仏領インドシナにとってかわった諸国（南ヴェトナム、カンボジア、ラオス）では、状況はより複雑である。フィリピンは、スペインによる植民地化と 50 年にわたるアメリカの占領によって、混合法システムとなった。オランダにより植民地化されたインドネシアも、ある程度までローマ＝ゲルマン法族に属するが、ここではローマ＝ゲルマン的概念がイスラーム法および慣習法と結合しており、混合法システムと考えるのが適切である[8]。

3　法構造と法源

　(1)　以上の歴史叙述を受け、ダヴィッドの『世界の主要法体系』は、ローマ＝ゲルマン法族の「法構造」と「法源」——制定法、慣習、学説、法の一般原則（super-eminent principles）から構成される——を解明する。

　(2)　「法構造論」においては、ローマ＝ゲルマン法族は、法的ルールを分類整理するためのカテゴリーと法システムの主要な要素という二つの観点からすれば構造上の類似性が認められ、一体の法族と考えられる、とする。

　まず第一の「区分と概念」の観点からすれば、①公法と私法の区別、②公法の脆弱性、③憲法、民商法などの法の分野が共通していること、④ローマ法・カノン法・国際的商慣習を基礎とする私法の統一性、⑤「債務法」が根本的カテゴリーであることで共通性が認められる。

　第二の「法システムにおける主要な要素・法的ルールの共通性」についていえば、ローマ＝ゲルマン法族の諸国では、法的ルールの表現・分析の方法が共通しており、そこでは学問的著述が高く評価され、学者による体系化の努力を通じて、法的ルールは個別の事例の解決を超えた高い抽象のレヴェルに達し、行為のルールとなる。法的ルールは、膨大な素材を圧縮することで法の学習を容易にし、よりよい社会的正義の実現のためにそれらの素材がい

---

[8]　Id, 75-79. 貝瀬・前掲注 2) 122-124 頁。

かに有益であるかを示し、社会が一定の目標を志向できるように世論および立法者が効率的に参加できる道を開く。

　こうした法の機能は、法は社会組織のモデルであるとする伝統に従っている。裁判例の省察と正義・道徳・政策・体系との調和を考慮することによって、膨大な実務と判例から法的ルールを抽出するのは学説の役割である。ローマ＝ゲルマン法族の法的ルールは（より高次の一般原則と個別の裁判例の中間に位置する）適度の一般性を有しているため、それらの諸国においては制定法の解釈が法律家の職務である。

　コモン・ロー諸国における厳格な「先例との区別」（distinguishing）のテクニックに比べ、裁判官に裁量の余地を残すのが、ローマ＝ゲルマン法族における法的ルールの「解釈」であるが、解釈の余地が広いことから、法の予見可能性と安定性は必ずしも高くない。ローマ＝ゲルマン法族においても、立法者が定める法的ルールのみならず、裁判所の解釈により形成される「二次的法的ルール」の重要性が増しているが、コモン・ローのケース・ロー・システムの段階には至っていない[9]。

　(3)　「法源論」においては、ローマ＝ゲルマン法族の法源理論を提示するのは容易ではないとし、その理由として、①ローマ法はもはやアプローチの共通の基盤とならない、②同一法族内でも、各国法はオリジナリティを有し、国内の法源論でも争いがある、③考察の対象たる法分野や法律家のメンタリティに応じて内容が異なる、④支配的な思想傾向に応じて、法源論も歴史とともに変化する、といった諸点を挙げている。

　ローマ＝ゲルマン法族では、制定法が一見するところ主要な法源のようであるが、このように「法」と「制定法」とを混同することは、実はローマ＝ゲルマン的伝統に反しており、制定法以外の法源の重要性が理論上もますます広く承認されつつある。法典編纂以後は、制定法のみが法源であるとする実証主義理論が一般的勝利を収めたようであるが、実は今日では自然法理論の復活が見られ、実証主義者自身も19世紀におけるような「制定法の神話」を捨て、裁判官の創造的役割を承認している。

---

9) Id, 80-100. 貝瀬・前掲注2) 124-126頁。

「法は立法者意思と混同されてはならず、法はすべての法律家の努力の結合によってのみ発見できるのである。今日では、制定法と学説の法源としての相対的地位は、フランス古法の時代に比べ逆転しているかもしれないが、それでもなお、伝統に従ってローマ＝ゲルマン諸法は『法曹法』(Juristenrecht) と評することができるシステムを維持している」。

　法の理念を正義の探究と結びつけている点で、ローマ＝ゲルマン諸法とコモン・ロー族は類似している。両法族の主たる相違は、問題解決の技術がまず立法と裁判例のいずれであるのかによるのであって、法それ自体の本質が異なるのではない。このようにダヴィッドは説き、社会主義法族と比べた場合の「西欧法の単一性」(unity of western law) を示唆している[10]。

　以上の法源理論における総論を前提にダヴィッドは制定法、慣習、判例、学説、「法の一般原則」を詳論する。例えば制定法の部分の解説では、次のように言う。ローマ＝ゲルマン法族諸国は制定法に根本的・第一次的役割が与えられなければならないとする見解で統一されており、制定法の合憲性の司法審査、法典、制定法と規則（règlement；regulation）の区別、制定法の解釈などに見られる相違よりも重要なのは、多様な法の間に見られる——制定法に重要な地位を与えるという——類似性である。ローマ＝ゲルマン法族においては、法の任務である「正義の実現」にとって最良の方法は、法律家が制定法の諸規定に依拠することであると一般に考えられており、この傾向は、ローマ＝ゲルマン法族のほぼすべての国家が法典と成文憲法を有するに至った19世紀に顕著となり、計画経済の勝利および国家の役割の増大によって、20世紀においても強化されてきた。ダヴィッドはこう分析したうえで、制定法のヒエラルヒーを解明してゆくのである。

　とくに「法典」についての分析を一瞥しておく。「法典」とは、元来はユスティニアヌス法典のように別々の制定法を集成したものを意味したが、19世紀には近代的ユス・コムーネの諸原則を定めた編纂物で、（形式上は一国のみでの適用を宣言しているけれども）普遍的適用を期待するものであった。しかしながら、今日では、特定の主題に関する規律を集成し、体系的に編成し

---

10) Id, 102-107. 貝瀬・前掲注 2) 126-127 頁。

た編纂物を「法典」という。このような傾向のためにローマ＝ゲルマン法族において新たな多様性がうまれた。ローマ＝ゲルマン法族のほとんどの諸国が、19世紀および20世紀を通じて法典の方式を採用し、それらの法典はすべてフランスのナポレオン法典（1804年ないし1811年）と同じ編別の枠組みを取り入れた（北欧諸国は例外）。ヨーロッパ経済共同体ないしより広いコンテクストで、ヨーロッパの自国中心主義を打破するためにヨーロッパ諸法典を採択すべき時期が近いのかどうかが、リアルな問題であろう[11]。

4 法族論の精神史

(1) 以上の「ローマ＝ゲルマン法族」の叙述に見られるダヴィッドの古典的法族論は、当時としては完成度の高いものであったが、提唱者自身その試論的性質を認識していた。また、ローマ＝ゲルマン法族の「拡張」といった視点から叙述を展開しているため、前章の「序論」で指摘したように、過度に西欧中心で、混合法システムの位置づけや分析が不十分であるといわざるをえない。法族論の新たなアプローチを検討することによって、法族論の意義および効能を問い直し、比較法学の方法論を再検討する必要がある。

ところで、『世界の主要法体系』で展開された法族論（分類学）を前提とするマクロの比較の好例として、インドにおけるタゴール・レクチャーズのために執筆されたルネ・ダヴィッドの『イギリス法とフランス法――その実質の一つの比較』（1980年）があり、極めて充実した内容となっている。すなわち同書は、①救済法と権利の法、②法典化された法と判例法、③法の構造と区分、④裁判所と法律家、⑤手続と証拠、⑥憲法、⑦行政法、⑧契約法、⑨商法、⑩不法行為法、⑪労働法、の各章から構成されている[12]。

(2) このようにコモン・ローとシヴィル・ローを対比する二分法は、「立法共通法」を主張した卓越した比較法学者ランベールが、フランスの立法と密接な関係のある諸立法との近接化に比較法研究のエネルギーが注がれるべきで、アルカイックで保守的なイギリス法は別のグループに属すると主張し

---

11) Id, 108-113, 128. 貝瀬・前掲注2) 127-129 頁。
12) René David, English Law and French Law: A Companion in Substance（Sweet&Maxwell, 1980).

たことから定着するようになった。

　1950年に発表されたルネ・ダヴィッドの『比較民法概論』は、(コモン・ローと大陸法とを区別せず) 西洋法 (西欧法)・社会主義法・イスラーム法・ヒンドゥー法・中国法の分類を採用し、例えば英法と仏法の相違は技術的レヴェルにとどまる (イデオロギーのレベルではない) と説いていたが、1962年の『世界の主要法体系』初版は、ローマ＝ゲルマン法、コモン・ロー、社会主義法の三法族に世界を分割しており、1960年代に至って今日のスタンダードであるこうした分類が登場した。

　しかしながら、この分類法は、イデオロギー的性格を帯び、自国中心主義のバイアスがかかっている、と批判されている (フランスをローマ＝ゲルマン法族のリーダーとして位置づけたり、ツヴァイゲルト／ケッツのように、ドイツ法にそれが属する法族の親法域として特別の役割を与えたりするものであった[13])。

　(3)　わが国においても、有力な見解は、ツヴァイゲルト／ケッツの分類に倣ったうえで、①歴史的伝統 (ローマ法の影響の有無)、②特殊な法学的思考方法 (抽象的法規範を演繹的三段論法で適用するか、重要な事実に基づく結論に先例としての拘束力を認めるか)、③特徴的な法制度 (コモン・ローの不動産制度、エクイティ、約因理論など)、④法源の種類とその解釈 (制定法主義と判例法主義。英米法では判例法が第一次的法源だが、先例との事実関係の相違を強調する「区別」のテクニックによって、先例の拘束力を緩和し、法の硬直性を防ぐ)、⑤イデオロギー (両法族に差異はなく、西欧法として一括できる)、の各項目を検討したうえで、大陸法と英米法の接近と融合が進みつつあり、両者の差は主として技術的なものにすぎないのではないか、と評価している[14]。

　(4)　比較法における「分類学上の努力の精神史」を描いた論者によれば、「法族というカテゴリーは、直線というよりも放物線上の進路を辿った。伝統的な理解に反して、コモン・ローとシヴィル・ローとの強固な二分法は、20世紀に――すなわち、第一のグローバリゼーションが終わった1914年から、20世紀後半の第二のグローバリゼーションの前までの間に――ピーク

---

13)　Pargendler, The Rise and Decline of Legal Families, 60 Am. J. Comp. L. 1043, 1073, 1066-68, 1052-1055 (2012). 貝瀬・前掲注2) 131-132頁。
14)　五十嵐・前掲注1) 213-225頁。

に達したのかもしれない。この見地からすれば、近時、法族の分類を放棄するように比較法学者たちが要求していることも、見た目ほどラディカルな動きではないのである」。ダヴィッド以後の分類学とマクロの比較の新たなアプローチを次章で紹介する。

第3章　法族論の新たなアプローチ——法伝統論を中心に

1　法の三類型論

(1)　まず、アメリカの代表的な比較法教材である『シュレジンジャー比較法』の中心的改訂者マッテイ（Ugo Mattei）の論稿「法の三類型——世界の法システムの分類と変化」（1997年）をとりあげる。マッテイは、比較法における分類学は自己目的ではなく、目的に応じて異なった分類が共存しうるとする。

ここでの目的は、①比較法の主流——具体的には、世界の主要法システムへの一般的入門——に、「ラディカルに異なる法観念」を組み込んで、地域研究へのマージナル化を避ける（異なる法観念の重要性をよりよく把握できる）分類学を提唱する、②法的グローバリゼーションに対応して、法的知識を伝達するための共通の法的文法として役立つとともに、法移植の見込みや法的変革の理由を説明できる分類学・フレームワークを提供する、というところにある。マッテイは、現在の法族論は、大幅に欧米中心であることに加えて、世界の法的地図がルネ・ダヴィッドの描いたものとは相当に異なってきているのであるから、見直しが必要であるという。

マッテイは、そうした状況の変化として次の六点を挙げる。すなわち、①中欧・東欧における共産主義イデオロギーの「崩壊」により、社会主義法族の存在が疑問視されている。②同じ共産主義の政治システムが中国では成功したために、比較法学における「法シノロジー」（legal sinology）の重要性が

---

15)　Pargendler, supra note 13, 1073.

増した。③過去 30 年の間に日本が異常な進歩を遂げた。④イスラーム世界の文化的・法的独自性への認識が深まった。⑤アフリカ大陸全土で独立が達成された。⑥比較法学者が、コモン・ローとシヴィル・ローとの伝統的区別を——近時の歴史的発展から、両者の類似性を強調して——再検討した。[1]

(2) マッテイによれば、法はマックス・ヴェーバーのいうソーシャル・オーガニゼーションの道具の一つであって、個人の行動に影響を与える社会規範は、主に政治・法・哲学的宗教的伝統の三つから生まれるものである。西欧的意味での法だけではなく、政治や伝統も法の「パタン」(patterns of law) なのである。これらの社会的行動の諸原因のなかで、どれが指導的役割を演じているかに応じて、三つのスキームに分類できる。

各法システムにおいては、この三つの法のパタンが作用しており（法のパタンの多元性）、そこにおける変化は諸パタンの競争の結果であるから、いずれのパタンが主導権（hegemony）を握っているかによって法族に分類できるのである。各法システムの内部で法のパタンの主導権ないしリーダーシップに変化が生ずると、マクロ比較革命のきっかけとなり、現在のマクロの比較の分類を修正することになる（ドイツにおけるローマ法の継受、アフリカの植民地化、東欧のベルリンの壁の崩壊など）。

マッテイは、ヴェーバーの三分法を比較法に応用し、専門家的法（プロフェッションの法）の支配、政治的法の支配、伝統的法の支配のいずれの社会的インセンティヴ（パタン）が主導的であるかによって、各法システムを分類する。マッテイは、以上の分類法は、ダイナミックかつフレキシブルで、法の多層的複雑性をとらえることができるという点で、従来よりもすぐれているという。比較法学者は法システムの構造の多層性を意識し、方法論においては、法秩序の多元的理解、法的フォルマントの多元主義（pluralism of legal formants）に向かっているため、多元主義がより明らかにうかがわれる法システムの研究が極めて重要となる。形式的制度が確立される前の、より深いレヴェルから出発するこの三分類は、絶えず増大する法移植に対応しつ

第 3 章の注

[1] Mattei, Three Patterns of Law: Taxonomy and Change in the World's Legal Systems, 45 Am. J. Comp. L. 5, 8-11. 貝瀬「比較法学者たちの饗宴(3)」立教法務研究 8 号（2015 年）133 頁。

つマクロの比較を行うのに最適である[2]。

(3) マッテイの「専門家的法の支配」に相当するのが、西洋（西欧）法伝統である。コモン・ローとシヴィル・ローの区別は、この高度に同質的な法族内の二次的区分であって、法と政治が明確に区別されており、法過程（legal process）が大幅に世俗化されている点で両者は同質的なのである。すなわち法の正当性の根拠は、宗教や政治ではなく、法の技術的性格にある。この「専門家的法の支配」に属するのが、英米、オセアニアのコモン・ロー・システム、西欧のシヴィル・ロー・システム、北欧法システム、若干の「混合法」システム（ルイジアナ、ケベック、スコットランド、南アフリカ）である（イスラエルとインドは問題がある[3]）。

(4) マッテイの第二法族である「政治的法の支配」すなわち「開発・発展と移行の法」では、政治過程と法過程とを分離することができない。そこでは専門家的法が法システムの社会的ルール形成において主導的パタンを構成するのではなく、法過程は政治関係・政治権力によって決定される場合が多いのである。マッテイは、この「政治的法の支配」する法族の諸国に共通の問題および類似の制度的解決を、以下のように説明する。

すなわち、「社会に対する国家制度の限定的コントロール、脆弱な裁判所、極端なインフレーション、現存する民主主義的構造（もしそれがあるとすれば）の甚だしい不安定、司法の活動に対する高度の政治的介入、警察権による甚だしい弾圧、ドラスティックな政治経済的規制による介入、大規模な法改革の継続的実施、外国モデルの大きな影響を受けるとともに通常は政治権力によりマージナルなものとされている法文化、法学文献の乏しさ、裁判所の意見の普及の制限、法的トレーニングを受けた人員の稀少さ、公的な意思決定過程の高度な官僚制化」。

この法族に属するのは、以前の社会主義法族の大多数（ポーランド、ハンガリー、チェコは例外か）、アフリカおよびラテン・アメリカの発展途上国（「伝統的法の支配」に位置づけうるほどにイスラーム法が強固な北アフリカ諸国は例外）、西半球における唯一の社会主義国キューバ、である[4]。

---

2) Id, 12-17, 19-21. 貝瀬・前掲注1) 134-135 頁。
3) Id, 23, 26-27. 貝瀬・前掲注1) 135 頁。

(5) マッテイの第三法族である「伝統的法の支配」とは、法と宗教的・哲学的伝統との分離が生じていないシステムから構成される。そこでは、主導的な法のパタンが宗教ないし超越的哲学（例えば、イスラーム教のシャリーアや、極東の伝統的な哲学的行動準則）であって、個人の内的次元と社会的次元とが区別されていない。

「これらのシステムにおいては、専門技術的法構造——いわゆる法曹法——と接して、インフォーマルないし非専門的な諸制度により規律されている、極めて重要でヘゲモニックな法的関係の領域があることに気づく」。「『伝統的法の支配』においても、フォーマルな法制度は存在するのであるが、その作用のルールが、われわれが西欧社会で慣れ親しんでいるものとは異なる」。

このシステムに共通するのは、次の要素である。「社会的紛争解決を委ねられた法律家以外の個人（調停人、学識経験者、宗教的権威）との関係での、法律家の果たす役割の低さ。強制された西欧化と、その結果として、他の手段によって伝統的に規律されていた法的関係に、専門家的モデルを急激に取り込んだこと。必要な社会的基盤を欠くがゆえに、その機能が法の特定のエリアないし特定のコミュニティに限定されている西欧スタイルの法典および制定法の存在。謝罪に高い価値が認められていること。個々の社会構造を維持する手段としての国民の同質性を重視すること。社会の構成単位としての（個人よりもむしろ）家族。ディシジョン・メーカーに与えられる高度の裁量。極めて多様な地域慣習が高い度合いで残存していること。司法的強制が広汎に利用されていること。強度にヒエラルヒー的な社会観。調和に高い価値が認められること。社会における性（ジェンダー）の役割を大いに強調すること。権利よりも義務に基づく社会秩序。平等主義的組織と釣り合う、社会のヒエラルヒー構造。変化する社会状況を吸い上げる、固有の土着的伝統の能力が限られているため、その結果として西欧法モデルを輸入する必要があること。地方と都会の法源の異別性」。

この法族に属するのは、イスラーム法諸国、インド法およびその他のヒン

---

4) Id. 27-34. 貝瀬・前掲注1) 135-136頁。

ドゥー法諸国、その他のアジア的および儒教的法観念の諸国（中国、日本など）である。東半球に属さないモロッコ、チュニジア、アルジェリアなどの諸国もこの法族なので、「東洋法伝統」(Eastern legal tradition) という地理的ラベルは用いない。中国と日本を同一法族内に位置づけるのは疑問であろうが、マッテイによれば、法のパタンの競争の結果、「伝統的法の支配」（第一順位）に次いで第二順位として現れるパタンが両国で異なることから生ずる相違にとどまるのである。すなわち、日本では「専門家的法」、中国では「政治的法」が第二順位となるのである。行政権に対する裁判所の役割の弱さという点に、両国の類似の権力関係のパタンを認めることができる[5]。

マッテイは、以上の三つのパタンはさらにサブ・システムないしサブ・ファミリーに区分できるとする。すなわち、「専門家的法の支配」は、シヴィル・ロー、コモン・ロー、混合法システムに分けられる。「政治的法の支配」は、移行・転換期の法（旧社会主義法）と、開発・発展中の法（アフリカ法とラテン・アメリカ法）からなる。「伝統的法の支配」は、極東システムとイスラム・システムから構成される。マッテイは、各頂点に三つのパタン（専門的、政治的、伝統的）を置く正三角形の図表を提示している[6]。

(6) マッテイが編著者の一人である『シュレジンジャー比較法』は、①従来の法族論が失敗したのは、現代の法システム相互間の複雑な関係を完全にとらえようとしたところにある、②世界の法システムをシヴィル・ローとコモン・ローに二分し、その両者と世界のほとんどすべての法システムとの間の密接な関係を強調するのは、ポスト植民地的状況のもとでは極めて問題である、とする。

マッテイによれば、「植民地化前に存在していた何らかの『法』を、このように完全に抹消してしまうのは、実のところ、植民地的暴力の強力なイデオロギー的正当化であった。今日の比較法の最前線での挑戦は、法が西洋のプロフェッショナル化された様式とは異なって見えるあらゆる場所には、『欠落』がある、と考える西洋中心のバイアスの全系統をいかにして学問から排除するか、ということなのである」。ただし、マッテイらは、シヴィ

---

5) Id, 36-37, 39. 貝瀬・前掲注1) 136-137頁。
6) Id, 41-43. 詳しくは、貝瀬・前掲注1) 138-139頁。

ル・ローとコモン・ローとの二分法は、出発点としては役立つフレーム・ワークである、と述べている[7]。

(7) 以上のマッテイの理論は、(法)社会学の成果を取り入れた学際的な内容であって、比較法の主流に「ラディカルに異なる法観念」を組み込み、グローバリゼーションに対応した共通の法的文法として法族論を機能させるとともに、法移植の見込み・法的変革の理由を説明できる分類学を目指すもので、法族論の活性化に極めて有益である。法族論の再検討を必要とする理由も適切であるし、マッテイが新たに提唱する「法の三類型論」は、法システムの構造の多層性を理解しやすくするとともに、主導権の変化による「マクロ比較革命」を説明できるというメリットがある。

ただし、その具体的適用にはより慎重な個別研究が必要であり、例えば、日本においては専門家的法よりも伝統的法の支配が主導権を握っている、と位置づけるのは疑問である。のちに紹介するマティアス・ジームスの見解における日本法の評価を参照されたい。ジームスは、日本の法実務に言及し、日本法を「現代ヨーロッパ法文化」の群れ (cluster) に属する、と説くのである[8]。

マッテイのような「マクロ比較法のパラダイム的観点」による分類(マックス・ヴェーバーの影響を受けたイデアル・ティプス的分類)によって多元的現実を把握することは困難であると説き、方法論的に混乱したマクロ比較法や法の比較マクロ社会学に対し、新たな多元主義と他の学問分野との協働の必要性を提言する批判的見解もある[9]。

2 比較法文化論と法族

(1) 比較法学にも造詣の深いベルギーの法哲学者ファン・ヘッケ (Mark van Hoecke) の論稿「法文化、法パラダイム、法理論——比較法の新たなモデルを目指して」(1998年) は、比較法文化論を法族論に取り入れた好例で

---

7) Mattei/Ruskola/Gidi (eds.), Schlesinger's Comparative Law (Foundation P., 7th ed., 2009) 258-270. 貝瀬・前掲注1) 139-140頁。
8) 本書第3章6のジームスの評価を参照されたい。
9) Husa, Classification of Legal Families Today Is It Time for A Memorial Hymn? 2004 R. I. D. C. 11, 25. 貝瀬・前掲注1) 142-143頁。

ある。

　ヘッケは、伝統的な「ルールとしての法」アプローチが法族論に役立つかどうか疑問であるとして、「文化としての法」のアプローチによる法族の分類を行うべきであるとする。

　この「法文化」を把握する方法として、ヘッケはトマス・クーンの「パラダイム」(paradigm) 概念を導入する。法文化のパラダイム（基本的要素）としては、①法観念、②法源理論、③法学方法論（法解釈方法論が中心）、④論証の理論 (a theory of argumentation)、⑤法の正当性 (legitimation) の理論（法の拘束力など）、⑥共通の基本的イデオロギー（社会における法および法律家の役割、何が法律問題かについての共通の見解）、を挙げている。

　(2)　ファン・ヘッケの「文化としての法」アプローチでは、法システムは、まず第一に、世界の四大文化族——西洋法文化、アジア法文化、イスラーム法文化、アフリカ法文化——の中に配置され、文化間比較（異なる文化族に属する法システム間の比較）の場合には、社会における法の現実の役割と機能に着目する、人類学的ないし社会学的パースペクティヴから比較が行われる。

　第二に、同一の大文化族内部での（伝統的意味での）比較法は、各法システムの前掲①ないし⑥のパラダイムに即して行われる。

　第三に、EUを構成する諸国のように、すべてが同様のパラダイムを有する場合には、コンテクストすなわち法文化が非常に類似しているので、制定法および司法の行動ルールの比較が有益である。

　この三つのレヴェルのいずれにおいても、比較法は「統合の手段」としてアクティヴに活用されうる（とくにヨーロッパにおいては、EU指令が各国の法理論に影響するため、こうした「体系相互間の」アプローチが強制される）。

　伝統的な三法族の区別（ローマ＝ゲルマン法族、コモン・ロー族、社会主義法族）は、四大文化族の根本的相違を考慮に入れておらず（例えば、アフリカの法システムを植民地としての歴史に従って分類したが、はるかに古く影響力のあるアフリカ諸国の文化史は、基準としなかった）、法技術・概念枠組みとイデオロギーとを混同していた。「文化としてのアプローチ」によって法システムを比較する場合に、他の五つのパラダイムに比べ、「共通の基本的イデオロギー」は法文化の深いレヴェル (deep level) を形成し、本質的な役割を果たす。

すなわち、西洋法文化（ヨーロッパ起源の法文化で、アメリカとオセアニアを含む）の主たる特色は個人主義と合理主義にある一方で、儒教理論が重要な役割を果たすアジアの法文化は非合理的で団体主義的であり、イスラーム法文化・アフリカ法文化も、法と道徳と宗教とが分離されていないから、個人主義的・合理主義的ではない、とヘッケは評価する。

四大法文化には、法観念、社会における法の役割、紛争解決の方法の点で根本的相違があるため、法的ルールや法制度の表面的比較は無意味であって、文化横断的比較の場合には、社会学的・人類学的パースペクティヴが最も適切なのである。[10]

（3）以上のファン・ヘッケのアプローチに対しては、混合法システムやダイナミクスの要素を組み込む余地に乏しい、との批判がある。[11]しかしながら、比較法文化論を基調とし、異なる四大文化族間での比較は社会学的・人類学的アプローチ、同一の大文化族内の比較は法文化の基本的パラダイムに即したアプローチ、同一のパラダイムを有し、非常に法文化の類似した諸国間では制定法と司法の行動ルールを比較するアプローチと、使い分ける手法は興味深いものがあり、アジア・アフリカ諸国をも対象とする「グローバル比較法」と伝統的・機能的比較法とを融和させる可能性のあるこころみといえよう。

ただ、ヘッケには、アジア法文化は非合理的で、共同体への帰属を重視する点で団体主義的であるとする偏見があり、対等な法伝統の共存と交流および「コスモポリタン国家論」を説くパトリック・グレンのような開放的な立論に学ぶべきであろう。[12]その前提のもとで、異質な法文化族に属する諸国であっても、後述するランドマークの著書のようなマクロの比較をこころみる余地があるのではなかろうか。異質の法文化を並列するのみでは、比較による認識の深化は期待できないのである。

---

10) Van Hoecke/Warrington, Legal Cultures, Legal Paradigms and Legal Doctrine: Towards A New Model for Comparative Law, 47ICLQ 495, 502, 506-510, 532-535. 貝瀬・前掲注1) 143-146頁。
11) Husa, supra note 9, 26 N. 65.
12) Patrick Glenn, The Cosmopolitan State（Oxford U. P., 2013）.

3　グレンの法伝統論

(1)　独自の「法伝統」概念を提唱し、伝統的法族論を批判するのが、著書『世界の諸法伝統』で知られるカナダの比較法学者パトリック・グレンである。グレンによれば、「法族」という実定的・構成的なメタファーは、過激な法的ナショナリズムの時代には有益であって（つまりは時代の産物である）、自立した国家単位の諸法システムという理念を強化する役割を果たした。

しかしながら、ここ数十年の間に国家は衰退し、新旧両形式の法が影響力を増しつつある結果、ダヴィッドらのテキストブックをもって分類志向は終わりをつげ、法族概念も影響力を失いつつある。過去四分の一世紀の間に、「法伝統」の観念が世界の諸法を理解するための支配的パラダイムとなり、静態的で孤立した存在である諸法システムと法族を超えたところに、目が向けられるようになった。

(2)　法族概念は、他の分類方法と同様に分類の対象を一時的に固定し、世界における法情報の流れを凍結することから、本質的に「静態的」(static)である。これに対し、国家法システムの基礎にあり、それに浸透している「伝統」とは、規範的な情報 (normative information) であって、分類のための概念ではなく、各国法の形成に法伝統がどの程度影響を与えているかを探求することになる。各伝統のコアにある情報は、他の法伝統によって補完されうるもので、法伝統の境界はぼやけた状態にある (fazzy)。つまり、「伝統とは、前進する規範的情報で、分類ではなく受容をもたらす。この基礎にある（法族との）違いが、世界の諸法の関係とその理解とにとって重要であろう」。

法伝統の時を超えた持続性から（アクセス可能な形式で獲得された情報は、行動の基準となって次の世代に伝達され、伝統として確実に残るようになる）、規範として通用する力 (normative force) が生ずる。法伝統の中には、法の形式的定義を強調しないものもあるが、いずれが法であるかは、時を超えて作用する伝統の結果として特定されるのであるから、純然たる法の概念を欠いていても不都合ではない。法族概念から法伝統概念への移行は、多様な諸法を理解するためのより開放的・客観的な手段への移行である。法伝統は、法族ほど西洋法思想の重圧を受けていない規範的情報であるから、宗教法も法伝統

の中に含めることができ、非体系的な法の比較を通じての理解も可能となる。

　法伝統の場合には、分類のために国家システムというフィルターを通す必要はなく、国家とその法システムは（実定的な構造物ではなく）多様な法の出会いと調整の場となる。国家のフォーマルな法の影響力が減少して、新旧両形式の法の影響が増大し（新たな形式のトランスナショナルな法が生まれている）、人口の移動が加速されてすべての国家に非国家法に従うマイノリティが含まれるようになると、そのように複雑な規範的現象には法伝統の概念でも対応できない。

　分類のためのいかなるシステムも恣意的であるとして、世界の諸法を個別に比較する方が、より科学的・前進的なプロセスであり、「法伝統」は――その非実定的性質が、先に述べたような世界における法規範性の動向に適合しているがゆえに――このプロセスと両立する。法伝統とは、規範的情報と考えられる諸法の関係を理解するための概念で、多数の法源とその順位・等級とを、それらの規範性の力（force of their normativity）において調整する概念であるから、一定のテリトリー内で通用する複数の法を調和させるためのテクニックを「法伝統」から学ぶことができる[13]。

　(3)　グレンによれば、彼が『世界の主要法伝統』で取り上げた七つの法伝統以外にも法伝統は存在しうるし（伝統の多様性）、全ての法伝統はその中にさらに内部的法伝統を含み、多くの法伝統にまたがる横断的法伝統がさらに存在する。相互に矛盾するような法伝統を抱え込む能力があり、絶えずそれらのサブ伝統を調和させているのが、複雑な大法伝統である。そこでは、多様なサブ法伝統の正当性を認める多価的（multivalent）思考方法がとられる。

　この多価的思考方法によれば、すべてのカテゴリーは曖昧であって、分離しようとするあらゆる努力は恣意的かつ人工的である。複雑な法伝統のアイデンティティは相互排他的ではなく、普遍化するものでもなく、他の複雑な法伝統に調整の基盤を提供する。伝統内の多価性・多義性（ambiguity）は、

---

13)　以上の叙述は、Glenn, Comparative Legal Families and Comparative Legal Traditions, in: Reimann/Zimmermann（eds.), The Oxford Handbook of Comparative Law（Oxford U. P., 2006）421-439 による。貝瀬・前掲注1）152-159頁。グレンの本論文については、五十嵐清「法伝統とは何か」鈴木禄弥先生追悼論集『民事法学への挑戦と新たな構築』（創文社、2008年）67頁、85-89頁。

対外的拡張に対する懐疑を生じさせ、各々の複雑な主要法伝統は、すべてエコロジー的・宗教的・倫理的・合理的真理を表現し、他の主要法伝統が提供できない社会秩序を世界にもたらしている（必要な多様性に貢献している）。

調和のとれた多様性（harmonious diversity）を制覇し、世界における単一の伝統のヘゲモニーを追求することは、膨大なダメージ、コスト、世界的コンフリクトを生むおそれがあるため、結局は多様性を積極的に維持することが（世界の法律家間のコミュニケーションを改善し）利益をもたらす[14]。グレンは、このように法伝統相互間の調和の問題（法における持続可能な多様性）を論ずるのである。

(4) グレンの法伝統論は、グローバルな視座を保ちつつ、伝統をコア概念としたことで歴史を比較法の中核に据え、比較法の再出発を予想させる、と高く評価されている。グローバリゼーションによって形式的法源の規範的権威が崩壊し、世界が相互依存的となって、問題解決にはあらゆる伝統に属する法律家同士の協力が必要となったため、主要な法伝統を横断する相互理解と対話可能な広いフレームワークを創造することが、グレンの目的となったのである。

「伝統」とは、時を超えた情報のコミュニケーションであり、安定したコアが存在するが、固定された境界は有しておらず、過去・規範的権威・受容者の積極的関与を把握する点で、構成概念としては文化・システム・法族・文明のいずれよりもグレンの目的にかなっていると指摘されている。グレンは、法の移植・継受・伝播（diffusion of law）を比較法のコアな局面として扱い、法伝統間の相互作用のプロセスは歴史を通じて一貫して継続してきたので、情報の対外的コミュニケーションこそが常態であるとする[15]。

(5) しかしながら、情報のネットワークとしての法伝統というグレンの定義は狭きにすぎ、法伝統を発展・変化させる重要なファクターとしての「制度」（institutions）――伝統的コミュニティの法名望家による教育・職業訓練

---

[14] Glenn, Legal Traditions of the World (Oxford U. P., 4th ed., 2011) 361-379. 貝瀬・前掲注1) 159-161頁。
[15] Twining, Glenn on Tradition: An Overview, 1JCL. (2006) 107, 108-114. 貝瀬・前掲注1) 161-163頁。

のプロセス——の役割を過小評価している、との批判がある[16]。グレンのテーゼは、現実の法的プロセスや制度の歴史に関するものではなく、観念史（history of ideas）への貢献であると位置づけられている[17]。その「観念史」としての性格ゆえに、マクロの比較のためのフレームワークを提供できていないという点で大きな問題がある。

（6）　ブッサーニ／マッテイ共編の『ケンブリッジ比較法コンパニオン』（2012年）の第3部は、東アジア法伝統、ユダヤ法伝統、イスラーム法伝統、サブ・サハラ法伝統、ラテン・アメリカおよびカリブ法伝統、混合法システム、デモクラシーと西洋法伝統といった法伝統論を展開する。

ただし、そこにいう「法伝統」とは、例えばルスコラが担当する「東アジア法伝統」の章では、「ジョン・ヘンリ・メリマンが法伝統の観念を詳しく説明しているように、それは特定の法的対象に関する法的ルールをいうのではなく、それらのルールの基礎にある文化的に条件づけられた態度、そしてもっと広くは、政治的組織体、社会、さらには国家間の関係における法の役割についての理念（ideas）をいう」と説明されており、グレンのような独自の意味は与えられていない。

「情報としての法」という構成は必ずしも定着したものではなく、グレンも「法は本質的に過去からわれわれに伝えられる伝統である」などと指摘する先行業績を援用するにとどまる。グレンの特異な「伝統」概念は、情報の相互交換による「法伝統」間の調和（と多様性の維持）を論ずるのに便利であるから採用されたのであろうが、特定のエリア研究を比較法学に取り込むという従来の「法文化」に代わって、マクロの比較のフレームワークとして「法文化」が活用されるようになると、規範的情報の交流が常態であるとか、「いかなる形でも伝統間の接触があれば、各伝統の相対的なアイデンティティは非排他的（non-exclusive）になる。各伝統は、受容する側の伝統における多様な傾向を支持するような相手方の諸要素を含むのである。今日の世界では、それゆえ、伝統の純粋なアイデンティティは存在しないのである」とかいったグレンの分析を現代の比較法文化論に導入することは、十分に可能

---

[16]　Bell, Chapter Five: Civil Law Tradition, 1 JCL.（2006）130-139. 貝瀬・前掲注1）163-166頁。
[17]　Twining, supra note 15, 112. 貝瀬・前掲注1）162頁。

であろう。[18]

4 系図的アプローチ

(1) 混合法に造詣の深いトルコ出身の比較法学者エシン・エリュジューは、法システムの分類について「系図」的アプローチ（a 'family trees' approach）を提唱している。エリュジューの功績は、すべての法システムは混合的である（オーヴァーラップしている）とするところから出発し、その構成要素の比率——もちろん、この比率は絶えず変動してゆく——に従って分類しようとした点にあろう。

(2) エリュジューは、「新たなユス・コムーネ」を追求する現代ヨーロッパのアプローチは、ヨーロッパ内部での教育には有益であるが、グローバル化の時代には満足のゆくものではないと批判する。近時は混合的ないし雑種的（ハイブリッド）な法システムへの関心が高まっているものの、類似の構成要素を含むわけではない法システムを一括して「混合法域」（Mixed Jurisdictions）と呼び、新たな法族とするのは不十分である（例えば、ケベックとアルジェリアを同一法族に含めるのは困難である）。

「必要なのは、個別の法システムを、新旧の重複と混合（overlaps and blends）に従って評価すること、および、既存の構成要素がどのように混ざり合っており、これらの法システムに入り込んだ新たな要素とどのように混ざり合っているかを評価することである。それゆえ、ここで提唱するスキームは、すべての法システムを——明示的にせよ黙示的にせよ——混合的でオーヴァーラップしたものとしてとらえ、構成要素の混合の比率に従ってそれらをグループ分けするのである。……常に水平的・通時的分析が要求される」。

法文化ないし法伝統に注目すれば、シヴィル・ローとコモン・ローは「親法」（parents）の中の二つにすぎず、パトリック・グレンのいう固有法・タルムード法・イスラーム法・ヒンドゥー法・アジア法も「親法」である。異なる「血統」（parentage）のシステムおよびサブ・システム間の婚姻によって、多くの重複・交配・相互影響・融合・接ぎ木が生じ、「その結果として、法

---

[18] Mauro Bussani/Ugo Mattei (eds.), The Cambridge Companion to Comparative Law (Cambridge U. P., 2012) 257, 261. 貝瀬・前掲注1) 168-170頁。

的世界に純粋なシステムは存在せず、隣接した樹木の根と枝の交差と絡み合いのさまざまな程度・水準・階層から多様なハイブリディティ（雑種性）が生じている」。

　(3)　比較法学は、フォーマルな立法者と裁判所が法システムを構築するという「トップ・ダウン・モデル」のみに関心を寄せることをやめ、類似性とともに差異をも重視し、重なり合いと交配を常に意識し、「系図」の枝の上にヨーロッパ以外の地域を再配置・再編しなければならない。「われわれの主な作業は、法システムの伝統的なラベルを貼られたパタンを解体し、血統（parentage）、類縁（relationships）、その発達に用いられる多様な肥料、接ぎ木、刈り込みとの関係で、パタンを再構成することである。そうして初めて、われわれは、新しい必然的成長のための空白を残した系図を描くことができる」。

　さらにエリュジューは、「系図モデル」と「波モデル」（wave model）との併用によって法システムの発展を説明する。類似性は系図的関係のみから生ずるものではなく、隣接するシステム間の「水平的移転」によって、借用した概念や制度がその元来の意義（original meaning）を失うこともある、と論ずるのである[19]。

　(4)　エリュジューの議論は、混合法論を説明する際に改めて取り上げるが、エリュジューのいう「系図」（これは比喩にすぎない）を具体的にどのように描くのか、どのようなグループにとりまとめてゆくのか、主要な要素による分類と系図上の位置づけとはどのような相関関係にあるのか、各法システムごとにも系図を考えうるのではないかなど、多くの疑問があり、法族論の「解体」後にあらたなマップを描くことの困難さを示しているといえよう[20]。

5　新たなマクロの比較

　(1)　法族論衰退後のマクロの比較の注目すべきこころみとして、トーマス・ランドマークの労作『コモン・ローとシヴィル・ローの相違をチャート

---

[19]　Örücü, Family Trees for Legal Systems: Towards a Contemporary Approach, in: Van Hoecke (ed.), Epistemology and Methodology of Comparative Law (Hart, 2004) 359-375. 貝瀬・前掲注1) 170-174頁。具体例は、貝瀬・前掲注1) 171頁（注135）。
[20]　貝瀬・前掲注1) 174頁。

にする』(2012年)を紹介しておこう。同書は、序論に続き、第1部「一般的問題」(独立科学としての比較法、比較法言語学、比較法理学)、第2部「法の担い手 (legal actors)」(法律家、裁判官および裁判所、素人裁判官および陪審)、第3部「法的ルール」(法的推論、制定法とその解釈、判例)、そして結論から構成される。

(2) まずランドマークは、比較法研究に用いるアプローチはその効用と目的に密接に絡み合っているとして、法システムにおける伝統と文化を比較するメリマンらのアプローチを採用し、「法の担い手」および「制度」(institutions) とともに、法システムの哲学的・構造論的・方法論的要素を検証する (機能的アプローチは採用しない)。

ここでの「法システム」とは、①法域内で効力を有するすべての行動ルール、②法制度の創設および管理を規定するすべての制度ルール (解釈方法、運用実務・先例の尊重などの方法論を含む)、③法的ルールの作成・解釈・適用に関与するすべての人々 (これを officials ともいう)、を意味する。この①と②を合わせた「法規範」の比較に際しては、それが文化的コンテクストに埋め込まれていることを忘れてはならない。法伝統は法文化の一部にすぎず、文化は「組織、システム、メンタリティ、法様式 (juristic styles)、哲学思想」を含む。

ランドマークによれば、法族論はさらなる研究の出発点としての意味を持つとしても、その分類——とくにコモン・ローとシヴィル・ローの区分——は、これらの法族間に「根深く広汎な相違と最小限の類似性」が存在するという確信を与えてしまう。「本書が示すように、ドイツ、スウェーデン、イングランドおよびウェールズ、アメリカの法システムには、顕著な類似性が認められるとともに、これまで容認されてきたコモン・ロー／シヴィル・ローのマトリックスにきちんと収まらない相違が存在するのである[21]」。

(3) 同書の「比較法理学」の章では、ドイツ以下の前掲四法域の法律家が自国の法と法システムをどう把握しているかが、五つの基本的質問に対する (主に各法域の大学教授からの) 回答を参照しつつ、分析される。

---

21) Lundmark, Charting the Divide between Common and Civil Law (Oxford U. P., 2012) 3-4, 15-17, 30, 37. 貝瀬・前掲注1) 175-177頁。

その質問とは、以下のとおりである。①法律家は法をまったく自律的なもの（autonomous）であると考えているか、それとも学際的なものと考えているか。②法律家は、法を完全なものと考えているのか、それとも欠缺あるものと考えているのか。③法律家は、いずれの法が適用されるのかを容易に決定できると考えているのかどうか。④彼らの法システムは、法的安定性・確実性（legal certainty）を好むのか、それとも個別的正義の実現に与するのか。⑤法律家は、自国の法は本質的に道徳とは無関係である（amoral）と考えるか、それとも道徳は法を超越すると考えるか。これらの質問に対しては、とくに①および⑤について国ごとに際立った差異が認められた。[22]

ランドマークの結論を摘示しておこう。

(a) 言語は、比較のファクターとしては、最も重要性に乏しい。

(b) 比較法理学の示すところによれば、四法域の中では、法の自律性・法的推論の形式主義などを考慮すると、ドイツがもっとも実証主義的である。法学教育における学際性の度合いは、ドイツが最も乏しく、アメリカが最も高度である。この点でスウェーデンはアメリカに近い。イングランドの法学教育は、アメリカを除けば法の理解が最も学際的で、ヨーロッパ法に対して開かれ（ヨーロッパ人権条約の内国法化）、大学のコースは極めて政策志向的である。法の適用にあたり、イングランドの学者は学際的研究を必要とする経験的リサーチを行うことで世界的に知られ、コモン・ローを適用する上位裁判所の判決は政策的議論に充ちている。

(c) 裁判所の構造・訴訟手続・裁判官の役割は、英米が類似している。英米の訴訟手続では、barrister や attorney が証人の選定や尋問、リーガル・リサーチにおよぶ卓越した役割を果たしている（弁護士の専門化）。大規模な司法官僚制度を有するドイツとスウェーデンは、コモン・ロー法域に比べ、相互に類似している。この両国では、人口に比して裁判官の数が相当多数にのぼり、いずれにおいても裁判官職は独立のキャリアである。裁判官の選任と訓練も多様で、英米ではリーガル・プロフェッションのなかの最も尊敬されているメンバーが最良の裁判官になるという信念があるが、スウェーデン

---

22) Id. 90, 98, 131. 各国の状況につき、詳しくは、貝瀬・前掲注1) 179-182 頁。

およびドイツは、最優秀の学生を裁判官職のために選抜する。

　(d)　ドイツおよびスウェーデンは、素人裁判官を利用する点で類似し、英米は陪審および治安判事（justice of the peace）を利用する点で類似している（イングランドでは、民事陪審は稀である）。この両国では、素人裁判官は刑事に限らずあらゆるタイプの事件を担当するので、非刑事事件への素人参加が英米に比べはるかに進んでいる。司法への素人参加は、陪審制（英米）、参審制（ドイツ、スウェーデン）、治安判事（主にイングランド）の三つのモデルがあり、これらの制度が近い将来に廃止されるとは考えられない。

　(e)　法的推論（legal reasoning）では、四法域の法律家は法的ルールの選定と適用について同様に思考する。すなわち、いずれの法域でも法発見は同様なメンタル・プロセスであり、法的争点を提示する現実ないし仮設の事実状況から出発し、解決を与える規範を探求する。特定の法システムにおいて、規範が秩序正しく、論理的で、アクセスしやすい方式で体系化されていれば、それだけ規範の発見は容易になるはずであって、四法域での体系化の状況には実際上重要な差異は認められない。コモン・ローの法的推論は機能的・類推的（analogic）であり、ヨーロッパ大陸の法的推論は演繹的であるとするのは、誤解ないしミスリーディングである。

　(f)　制定法とその解釈については、ドイツでは——ローマ法を継受し、それとともに国家はすべての法の源泉であるとする理念を継受したことから——法典を排他的で完全で永続的なものと理解する点で、他の三法域と異なる。ドイツ以外の三法域は、制定法の役割の理解は基本的に一致するが、制定法の解釈方法に差異がある。イングランドでは制定法の解釈は文言に忠実（textual）で、スウェーデンでは歴史的方法が重視されるが、ドイツでは文言を超えて制定法を拡張適用する場合に目的論的解釈方法が用いられるのである。

　(g)　四法域のいずれにおいても、判決ないしケース・ローは極めて重要であり、先例の拘束力（垂直的拘束力）は強力である[23]。

　(4)　ランドマークの著書の大きな意義は、外国法の記述や法族論とは異な

---

23)　Id, 431-434. 貝瀬・前掲注1) 191頁。

るマクロの法比較が可能であることを実例をもって示した点にある。同書が比較の対象とするのは欧米四か国に限られ、しかもフランス法は除かれているが、比較法言語学、比較法理学をまず取り上げ、各論として法の担い手（弁護士、裁判官と裁判所、素人裁判官と陪審）、法的ルール（法的推論、制定法とその解釈、判例）を分析するというマクロの比較のアプローチは、かなり応用可能である。

6 法族論の限界

(1) 最後に、これまでの法族論批判を踏まえた新しいタイプのテキストブックであるマティアス・ジームスの『比較法』（第2版、2018年）は、次のように述べている。

　従来の法族論は、実際以上に法システム間の差異や類似性があるものと比較法学者に思い込ませるおそれがある点でミスリーディングであり、かえって比較法学者の――例えば、類似している諸国間に予想外の差異がある事を発見した場合のような――好奇心を抑制しかねない。法族概念を用いずとも比較法研究は可能で、コモン・ローとシヴィル・ローという概念によらずに、仏・独・英・米各国の民事訴訟と法源の相違を比較し、それから、これら諸国の法システムが世界にどのような影響を与えたかを論ずる方が、より好ましいアプローチである。これは、エリジューのいう――法システム相互の影響関係に注目する――系図理論（tree-like model）に似ている[24]。

　ジームスのテキストブックでは、法族論にではなく、ポストモダン比較法、社会法学的比較法、数量的比較法を扱う第2部「比較法の方法の拡大」、法移植、法の収束・地域化・国際化、トランスナショナル法からグローバル法へ、比較法と開発といったトピックを併せ論じた第3部「グローバル比較法」に重点が置かれるのである。

(2) ジームスは、ヨーロッパ大陸諸国の法システムの多様性と、英米の法システムの間でも相違が見られることを指摘したうえで[25]、次のようにいう。

---

24) Siems, Comparative Law (Cambridge U. P., 2nd ed., 2018) 109-110. 同書の初版につき、貝瀬・前掲注1) 192頁。
25) Id, 74-78. 初版については、貝瀬・前掲注1) 192-193頁。

「コモン・ローとシヴィル・ローの区分は、西洋法システム（Western legal systems）の共通性を隠す可能性がある。重要な一般的ファクターに含まれるのは、国民国家、資本主義、自由な価値個人主義、そしてギリシア・ローマ思想、キリスト教、啓蒙主義、といった共通の精神的・文化的・科学的遺産の概念と理念である。法特有のファクターとしては、個人の人権、法の支配、実定的・理性的な法、裁判官と弁護士からなる専門化したリーガル・プロフェッション、法と宗教の分離、を含む。それゆえ、宗教法、部族共同体法、機能障害国家の法とは異なる、包括的な西洋法伝統を語ることが正当とされるであろう[26]」。

　ジームスは、従来の法族論が、法システム間の差異を過度に強調する反面、類似性を過度に強調するところもあり、雑種性を無視する傾向があったと批判する。例えば、東アジア法は西洋の法観念と著しく異なるとされるが、中国や日本を現実に訪れてみれば、西洋諸国に類した法典や制定法が存在し、大学ではヨーロッパのような実証的な法学教育が行われ、ロー・ファームや裁判所では、法律家が実定法の細部につきテクニカルな議論を戦わせていることを、発見する。中国の法文化も相当な変化を遂げ、道徳や慣習は安定した秩序への要求をみたすには不十分であり、法的ルールの必要性が高まっている。中国の法曹人口も爆発的に増加し、2001年のWTOへの加盟後は司法のプロフェッショナル化が進んだ。西洋には法があり、東洋には文化があるとする理解（差異の過度の強調）は、極めてミスリーディングである。

　また、アフリカおよびアジア諸国が植民地としてヨーロッパ諸国の影響を受け、自発的に主要法典をコピーしたといっても、例えばアフリカ諸国の法システムを一つのグループとするのは、類似性を過度に強調している。アフリカ人相互の法律関係は主にアフリカ慣習法（地域によってはイスラーム法）により規律されていて、近代法により克服されてはいない。

　さらに、共通の文化を参照することは、一定の場合には有益であるが、文化的共通性が必ずしも法的近接性を意味するとは限らない（例えば、中国、北朝鮮、韓国はいずれも儒教思想の影響を受けている）。

---

26) Id. 78-81. 貝瀬・前掲注1) 193-194頁。

雑種性の無視という問題点については、①混合法システムは、現在ではシヴィル・ローとコモン・ローの混合を超えて、広く認められつつある、②アフリカのような西洋法伝統と慣習法の混合は多様な形態をとるため、混合法システムのサブ・カテゴリーがさらに必要である、③南東アジアにおいては、イスラーム、中国、ヒンドゥー、自生の慣習、ヨーロッパの法規範が、すべて一定の役割を果たしており、法族という概念は意味をなさない、④複雑な混合の場合には、法族の「唯一の正しい」分類学が存在するという考えを放棄せざるを得ない、と論評するのである。[27]

(3) ジームスは、これまで紹介した『比較法』と同年に「世界の法システムのネットワークにもとづく分類学（Network-Based Taxonomy）」と題した論稿を発表し、世界の法システムを、①グローバルな英国域（Global Anglosphere）、②現代ヨーロッパ法文化（Modern European Legal Culture）、③法または宗教による支配・統治（Rule by law or Religion）、④移行中の弱い法（Weak Law in Transition）の四つの法群（cluster）に分類している。日本は②に属する。イスラーム諸国と中国は③（中国においては、法がしばしば政府の道具となる）、ラテン・アメリカ、中央アジア、ロシア、アフリカ諸国は④である。[28]

ジームスの『比較法』は、法族論から比較法理論史と比較法方法論中心のテキストブックへの移行を示すパイオニア的労作であり、比較法学の充実ぶりを反映しているといえよう。

---

27) Id, 94-99. 貝瀬・前掲注1) 194-195頁。
28) Siems, A Network-Based Taxonomy of the World's Legal Systems, Durham Law School Working Paper, March 2014. さらに、Siems, Varieties of Legal Systems: Towards a New Global Taxonomy, 12 Journal of Institutional Economics（2016）579-602.

第4章　法の継受と移植 (transplants)

1　総説

(1)　法の継受とは、「一国（または一定の地域）の法制度の全部または一部が他の国（または地域）に包括的に適用される現象」をいい、①コスト節約型移植、外部強制型移植、企業家型移植、正当性産出型移植などのように継受国の利益となる場合、②継受元（母法国）の利益となる場合、③継受元・継受国の直接的利益を超えた、共通言語や同一法族を原因とする法の流通 (legal circulation)・交流 (cross-fertilization)・普及 (diffusion) の場合が、考えられる。[1]

(2)　移植と継受の比較研究は、法文化の接触とそれをきっかけとして生ずる変化の複雑なパタンを探求する。

ヨーロッパにおけるローマ法の継受は少なくとも19世紀以降には学問研究の対象となったが、一般的現象としての移植と継受が比較法の主要なトピックとなったのは20世紀後半の30年間であった。すなわち、1970年に比較法国際アカデミーは「外国法のグローバルな継受」を会議の一セクションとし、1974年にはアラン・ワトソンの『法移植論』が刊行され、多くの諸国の私法はローマ法の継受を基礎としているという法史学者としての洞察から、法的ルール・法システムの移植は非常に一般的にみられかつ社会的に容易で、発展のもっとも豊かな源泉であり、自発的継受・移植は法における変化を含む、などと論じた。それに続く数年間に、「法移植」という観念は急速に比較法の中心的「パラダイム」となり、法移植の可能性そのものが論争の対象になった（とりわけ、比較法文化論者ピエル・ルグランによる消極論）。

しかしながら、これらの議論は、アメリカの「法と開発」運動のような現実の法改革プロジェクトとは関係のない理論的考察で、縮小しつつある現代

第4章の注
1)　五十嵐清『比較法ハンドブック〔第2版〕』（勁草書房、2015年）127頁、Siems, Comparative Law（Cambridge U. P.、2nd ed., 2018）233ff.

世界では甚だしく古びた内容となった。例えば、今日では、グローバルな規模で法改革を推進する国際組織が採用ないし支援する（法改革）プログラムにおいて、法移植が重要な役割を果たしているのである。[2]

(3) なお、法移植論は急速に発達した分野であるためか、ターミノロジーには未確定なところがある。「移植」という用語は隠喩であって、法の漸次的な伝播や、外国のアイディアにより法改革にいたるプロセスを把握するには不適切である。また、「継受」という用語は、ヨーロッパ史におけるローマ法の伝播を典型とする、グローバルな法の移転（transfer）という特殊な意味を有する。

そのため、包括的なターミノロジーとして「移植／継受」が用いられることもあり、法移植による法的変化を示す総称的表現としては、「影響（influence）」「インスピレーション」「交流（cross-fertilization）」などがある。[3]

2 移植／継受の実例

(1) 法の「移植／継受」の古典的ケースとしては、例えばヨーロッパにおけるローマ法の継受、若干の民法典とその伝播、コモン・ローの伝播、混合法システムを挙げることができる。グラツィアデイによる解説を参照しておこう。

(2) 第一のローマ法の継受としては、中世におけるローマ法の再生と、ヨーロッパ大陸の大部分およびスコットランドへのローマ法の伝播が指摘される。

大学教育の最初の中心であるボローニャで1070年頃に開始された、法の理想的モデルを甦らせようとするこの知的企てに参加した法律家は、著名な人文主義者を除き、フィロロジストではなかったため、彼らの同時代の現実という視座から法源の意味を明瞭にしようとつとめた。11世紀以降、大学でのローマ法にもとづく教育は、法実務に携わる学識法曹の全体的階層を提

---

2) Graziadei, Comparative Law as the Study of Transplants and Receptions, in: Reimann/Zimmermann (eds.), The Oxford Handbook of Comparative Law (Oxford U. P., 2006) 442-443. 貝瀬「比較法学者たちの饗宴(3)」立教法務研究8号（2015年）196-197頁。
3) Id, 443-444. 貝瀬・前掲注2) 197-198頁。

供した。

　大半のヨーロッパ大陸諸国でローマ法が継受されたのは、ローマ法の質の高さによるとされることが多いが、この継受は自由選択の結果ではなく歴史的必然であるとか（例えば、イングランドやフランスでは、大学でローマ法伝統が勝利をおさめるよりも先に、強力な中央集権体制がたまたま存在しており、継受が妨げられた）、中世ドイツにおいては教会とカノン法学者がローマ法を利用していたとか、批判されている[4]。

　(3)　第二の「民法典とその伝播」については、ヨーロッパ大陸の普通法の時代は法典化運動によって終わりを告げ、最も影響力のあったフランス民法典は、ナポレオン軍による併合・仏領化や、強制を伴わない模倣によって伝播し、ヨーロッパ外への伝播も顕著であった（中南米諸国、ドイツ・モデルに大きく依拠しつつ、フランスの特色も採用した1898年日本民法典）。

　フランス民法典が伝播した原因としては、共通の法的遺産にかなりの程度立脚していたこと（フランス革命のラディカルな理念は導入されず）、テクストが柔軟かつ調整しやすく、その受容がローカルな法文化からの離脱を意味しなかったこと（多元的なローカルな法秩序の一要素にすぎなかった）、フランス民法典を導入しても、その一部（婚姻・離婚など）を排除する改正が多かったことが、挙げられている[5]。

　(4)　第三の「コモン・ローの伝播」は、イギリスの通商・貿易とその世界的覇権によるところが大きく、植民地に関するイギリスの政策は、征服・割譲以前に適用されていた法は、イギリスの観点から望ましくないかまたは調和しない場合以外は、そのまま効力を有するというものであった。

　例えば、インドにおいては、19世紀には家族および相続問題にはヒンドゥー法ないしイスラーム法が適用されていたが、1857年にインド統治権を継承したイギリス国王は、法典化とイギリス法に則した法の統合とを推進し、植民地支配の終了後もコモン・ローの遺産がインドの法システムの一部となった。このようにかつてイギリスの支配下に置かれた新しい独立国家は、裁判所の役割、ベンチとバーの関係、法学教育の方法、立法のスタイルと内容

---

[4]　Id, 445-447. 貝瀬・前掲注2）198頁。五十嵐・前掲注1）130、142頁。
[5]　Id, 450-451. 貝瀬・前掲注2）199頁。五十嵐・前掲注1）130頁以下。

といったイギリス法の遺産（コモン・ロー伝統）を、現在も共有している。[6]

(5) 第四の「混合法システム」については、次のようにいう。移植と継受は異なった法伝統の間で生じて、混合法システムを創造する場合がある。ほとんどの法システムは混合の結果であるが、狭義の混合法システムとは、ローマ＝ゲルマン伝統をある程度英米法が覆っている状態の法システムをいう。歴史的な理由から、これらの法システムは、私法の基礎を主にヨーロッパ大陸法の遺産に負い、憲法および公法を主に英米法伝統に負う、という二重性を示すことが多い。[7]

3 移植／継受の原因

(1) 法移植をもたらすファクター（法継受の原因）としては、人口の移動、政治的決断（法創造に影響し、移植に至ることもある）、宗教的・思想的影響、比較法それ自体（統一的ないしハーモナイズされた法規範の創造、ソフト・ローの利用、UNCITRALないしUNIDROITの統一法・モデル法の分野での積極的活動）、法の強制（的継受）、プレスティージのあるモデルに従いたいという願望、経済的パフォーマンス（成果）の改善などが挙げられる。

グラツィアデイによれば、世界銀行やWTOによる法改革プログラムは、広い意味での法移植と位置づけることができ、そこでは、「より効率的な法制度を採用することで、法移植は経済的成果を向上させるか。経済的効率の追求は法移植を発生させる主要なファクターか」が問題となり、このような経済政策決定・経済発展に対する新たなアプローチから、現地の法システムの質や、プロジェクトに従事する国際的担い手（international actors）といったファクターが、法移転（legal transfer）において果たす役割の重要性が明らかとなった。[8]

(2) 2010年にワシントンDCで開催された比較法国際会議の法史学・法民俗学のセッション（座長ラインハルト・ツィンマーマン）では、「法文化と法移転」というテーマを取り上げ、その一般報告者であるコルデロは、「法的

---

6) Id. 451-452. 貝瀬・前掲注2) 199-200頁。五十嵐・前掲注1) 133頁。
7) Id. 453. 貝瀬・前掲注2) 200頁。
8) Id. 455-456, 459-461. 貝瀬・前掲注2) 200-201頁。

文化的適応・変容（legal acculturation）」と題する長編論稿を提出し、「社会システムが生き残るには、効率的な社会組織と文化的遺産の伝達が必要である。文化的適応は文化の交換を意味する。すべての文化は雑種で異質である」と説き、法文化的適応・法移植の担い手、法的文化移転の運動、それを支える諸学派を詳しく論じている。（「法移植を理解するためには、法を単に主権的権威の現れと解してはならず、国家当局であれ、利益集団であれ、学問的ないし専門的エリートであれ、法移植を主導する者たちが演ずる多様な役割を考慮しなければならない」）。

（3）すなわち、コルデロによれば、まず法移植の担い手としては、①国際組織（UNCITRAL、UNIDROIT、ハーグ国際私法会議、WTO、IMF など、立法権は欠くが、「基準設定」によって貢献している）、②国家、③私的組織（アメリカのフォード財団などの私的基金）、④学者（法移植・文化移転と密接に結びついた比較法方法論を開発した）が、考えられる。法的文化移転（legal transculturation）のプログラムとしては、「法と開発（Law and Development）」運動、「法と社会（Law and Society）」運動、「法と金融（Law and Finance）」運動がある。

例えば、「法と金融」運動は、世界銀行がスポンサーとなって、ラポルタ教授が推進したもので、1990 年以降 330 以上の立法プロジェクトを支援した Doing Business プログラムを実行した。この運動は、法は近代化の道具として輸入さるべきテクノロジーの一形式であるとする「道具主義者」的見解を生み出し、法移転の価値は、官僚制的合理主義と経済的効率性の理念ではかられることになる。アラン・ワトソンに代表される「道具主義者」は、法と法が機能する社会との間には固有の結びつきは存在せず、法はそれ自体の生命を有する自律的なもので、移植によって法は発展すると説く。

また、ウゴ・マッテイが指導する「比較法と経済学」学派は、法システムは特定の問題に多様な解決を提供する機能的マーケットであるから、伝統・文化・イデオロギーの取り扱いに要するコスト（transaction costs）に応じて、最も効率的なルールを目指した自由な法移植か、移植への抵抗のいずれかに至る、と分析する。[9]

4 移植／継受による法的変化

(1) 法移植・法の継受による「法的変化」の理解に役立ち、法移植のための広い枠組みを提供するのは、「法多元主義」(legal pluralism) の理論である。多元主義のみならず「異種交配」(hybridization) に至り、混合法システムが形成されることもある。外国の要素がローカルなコンテクストの中に導入されると、新しいターミノロジー、新しい法様式 (legal style)、新しい法意識が生ずることが多い。

比較のパースペクティヴから「法的変化」を理解するためには、社会における法は、包括的概念があらわす首尾一貫した対象ではなく、法的人工物のコラージュに他ならないことを認める必要がある。

(2) グラツィアデイは、このように論じて、法の「移植／継受」の比較研究の重要性を強調し、「法文化および法秩序の統一的な像は、他の法秩序との相互作用も含むローカルな法のより分析的で、ダイナミックで、現実的な像と交替すべきである」と提言する。

法の主権的権威や、法と文化の関係は、法の「移植／継受」の妨げにはならないとして、法移植の担い手たち (legal actors) の多様な役割の認識、移植に伴う法的変化（変容）の研究の必要性を説くのである。

文化と同様に法も寄せ集め・借用・混合の結果（これは創造的プロセスである）であって、文化集団のアイデンティティは他の文化との接触から生ずる変化によって損なわれるものではなく、外国の文化的特徴を選択的に利用することは、生きた文明の維持にとって極めて重要なのである。

(3) 法移植／継受のプロセスを、移転された法とローカルなコンテクストとの「適合」(fit) の度合いによって説明するアプローチに対しては、①法の首尾一貫性と合理性を追求して現実を歪めることとなる、②移植が成功ないし失敗する理由を説明できない、③移植が実際にどのように生ずるかを説明できない、④移植に影響を与える関与者・担い手を無視している（グローバルなロー・ファームなどの global actors が、かつてないほどの規模で、法的モデル

---

9) J. A. S. Cordero, The Legal Process of Acculturation, A Mexican Perspective, in: Cordero (ed.), Legal Culture and Legal Transplants (International Academy of Comparative Law, 2010) 1-24. 貝瀬・前掲注2) 205-209頁。

の伝播を推進しており、世界を横断する法的変化のダイナミクスを理解するには、グローバルかつ国際的な次元に注目する必要がある)、という批判がある[10]。

5 法文化と法移植

(1) 前項で取り上げたコルデロの一般報告は、『法文化と法移植(法文化的適応)』と題する二分冊の大著の巻頭に置かれ(2012年)、同書の第2部は、アルゼンチン、オーストラリア、イングランド、スペイン、北欧、ドイツ、ギリシア、香港、ハンガリー、インド、イスラエル、イタリア、日本、テキサスとルイジアナ(以上、第1巻)、マカオ、オランダ、ペルー、ポーランド、ケベック、チェコ、ルーマニア、ロシア、スコットランド、セルビア、シリア、チュニジア、トルコ、アメリカ合衆国、ヴェネズエラ(以上第2巻)の国別報告から構成されている。

以下では、コルデロの一般報告中の「国別報告の分析」を紹介し、法移植の比較法的検討に替えたい。コルデロによる時代区分は、①二つの世界の出会いからフランス革命まで、②フランス革命に始まり、アメリカの独立を含む19世紀を経て、植民地時代の終わりを経て、植民地時代の終わりを画する第一次世界大戦の終結まで、③第一次大戦の終わりから1989年のベルリンの壁の崩壊まで、④ベルリンの壁の崩壊から、ポスト・モダニズムを経て現代まで、の四段階である。

(2) まず第一に、前掲①のフランス革命までの章では、次のように整理する[11]。

(a) すべてのヨーロッパの国別報告は、自国の法システムの進化が、旧大陸の歴史とその文化の形成に密接に結びついていた、と評価している(例えば、1795年にベルギーがフランスに併合されたことで、フランスの革命立法とナポレオン法典がベルギーに導入された)。

(b) スコットランドは、比較法における魅力的な事例で、継受法システムである。11世紀に極めて影響力のあったケルト法に、イングランド封建法、教会のカノン法、大陸ローマ法が浸透し、当初から混合法を形成したのであ

---

10) Graziadei, supra note 2, 461-462, 470-473. 貝瀬・前掲注2) 201、204-205頁。
11) Cordero, supra note 9, 42-44. 貝瀬・前掲注2) 211頁。

る。

　(c)　ロシアは、基本的に国家自身によって、西欧の個人主義的法システムを継受したが、それは国民の生活の質を犠牲にして行われ、大幅な人口減少をもたらした。

　(d)　アメリカにおいては、法システムの移植 (migration) の実験が始まり、コモン・ローとフランス法典との衝突が生じ（ケベック）、植民地としてのきずなが切れてからは、ケベックはカナダの中の周辺的文化圏と考えられるようになった。

　(3)　第二に、フランス革命から第一次大戦までは、法の形成は大幅にヨーロッパの法システムに依存していた。[12]

　(a)　中国は、西欧のコントロール下にあり（日本とタイのみが西欧の支配を免れていた）、アジアにおける法的文化移転のもっとも重要な一例が香港であった。香港では、コモン・ローの根本原則と矛盾しない限りで、中国の慣習が適用された。植民地時代の「融合された」コモン・ロー・システムである。

　(b)　インドの植民地時代の法制度は、イングランドの法制度と英語を基礎とするもので、法史におけるもっとも重要な法移転 (legal transpositions) の一つである。当時のインド法は、宗教上の慣習・制度・信条と極めて密に絡み合っていたために、ヒンドゥー法・イスラーム法に平等な地位を与えるとともに、イギリスの「正義、衡平、良心」(justice, equity and good conscience) の概念を導入して、多様な法制度の安定をはかる1772年法の「啓蒙政策」が必要となった。

　(c)　ヨーロッパにおいては、多くの諸国が長らく同一の文化に溺れており、この同一の背景からして、1865年の最初のイタリア民法典が、フランスの重要な影響を受けたのも驚くにあたらない。フランスの文献が翻訳され、イタリア全土に広く伝播した。オーストリアの遺産も法的文化移転の重要で典型的な源泉であった。イタリアの法的エリートは、その目をドイツの歴史法学派に向け、その結果として大量のドイツの法学文献が翻訳され、イタリアで熱心に研究された。

---

12)　Id, 45-49. 貝瀬・前掲注2) 211-213頁。

(d) ロシアでは、親スラヴ派と新西欧派とのイデオロギー闘争が続き、西欧の私有財産中心の法秩序が、自由主義的改革の法的イデオロギーとされた。

(e) ヨーロッパ大陸南部（アフリカ北西部地中海沿岸）のアフリカ・マグレブ地方（チュニジア・モロッコ・アルジェリアから構成される）では、法の発展は別のコースを辿り、イスラーム国家であったチュニジアでは宗教法たるイスラーム法が適用されていたが、1881 年にフランス保護領となって、フランスの法システムとの結びつきが生じ、1956 年の独立によって立法府が権限を回復した。

(f) アメリカ大陸では、ロウアー・カナダ（Lower Canada）において、フランス系住民がイングランドの裁判官法の浸透に抵抗し、法典が移民間への法の伝播を促進すると解したため、フランス・モデルにもとづく法典を英仏両語で起草することとなり、二文化併用主義がカナダ連邦のバックボーンとなった。13 のアメリカ植民地が当初はコモン・ローを排除したが、フランス法を代用できず、商工業の発展に伴って生じた旧植民地の新たな法伝統とイングランドの法伝統とが矛盾しなかったため、アメリカ全域にコモン．ローが拡大していった（住民の大半がフランス語を用いたルイジアナは例外である）。1839 年のフィールド法典は、立法を簡明に理解可能にするためのものであり、コモン・ローの伝統を放棄する趣旨ではない。ラテン・アメリカでは、アルゼンチンのヴェレス・サルスフィエルド法典が法移植の明らかな一例である。

(4) 第三に、第一次大戦の終結から 1989 年のベルリンの壁の崩壊までを扱った個所では、コルデロは「アジア、とりわけオーストラリアでは、この時期には英国王の支配から次第に分離してゆくという特色がみられる」として、オーストラリア、インド、中国をまず検討する[13]。

(a) オーストラリア最高法院（High-Court）は、「オーストラリアの創造による法」（Australian-made law）の基礎を構築して、他のコモン・ロー諸国からはやや外れる道を辿り始め、イングランドへの「法的屈従」（legal cringe）を語る形で、ナショナル・アイデンティティへの関心が高まり始めた。

(b) 独立後のインドにおいては、イングランドから借用した法から離れて、

---

13) Id. 45-56. 貝瀬・前掲注 2) 213-215 頁。

新たな価値にもとづく法システムを発展させるべきであるという国民感情が高まったが、コモン・ローの基礎である先例拘束性の原理（precedent）がインドの法システムでも確立し、宗教と文化の多様性にもかかわらず、現行の法システムとヒエラルヒーはイギリス法にもとづいている。

　(c)　中国では、19世紀末から20世紀初頭にかけて、ヨーロッパ私法を移植した日本モデルに倣って成文法を作成する「法移転」(legal transpositions) が行われ、この法文化は現在も存続し、1978年以降のコモン・ローの移転の進行中も、中国は成文法のシステムに固執している。

　(d)　第二次大戦後のスコットランドでは、「第一次の法ルネッサンス」が生じ、スコットランド法は真正のスコットランド精神の発露である（ヨーロッパ共同体内でのコモン・ローとシヴィル・ローとを架橋する運命を担う）と主張された（大学のカリキュラムにローマ法が再登場した）。

　(e)　ヨーロッパ大陸においては、デンマークが典型であるように（デンマークは、著名な「ランド一原則」によって、ヨーロッパ法のハーモナイゼーションを主導した）、ヨーロッパ連合の発達が、多くのヨーロッパ諸国の進路を指導した。法移転は、立法に限らず法学文献を通じても実現されるが、イタリアではドイツの法学文献がイタリアの法発展を活性化し（フランス民法典は省略が多く、不正確であると批判された）、1970年代初頭には、国際的に著名な法学者たちの理論構成によるイタリア法システムの大変貌が完成した（離婚制度の導入と両性平等原則にもとづく家族法改革）。法と経済学の領域に見られるように、アメリカ法がイタリアの実務に浸透し、イタリアの裁判官も、外国法を参照するのが常態化した。

　(f)　ヨーロッパとアジアの交差点にあるトルコは、法移転の成功例としてたびたび挙げられるが、スイス法を逐語的に採用するとともに、それを実効性あらしめるために、イスラームの宗教システム、オスマン帝国を支配していた法多元主義を廃止した。

　(g)　東ヨーロッパでは、旧ソヴィエト連邦地域でソヴィエト法および共産党イデオロギーによる厳格な中央集権化が存在していたため、連邦解体後も、旧ソヴィエト法の特色を維持している国家が多い。ロシア法文化の特色である法に対するニヒリスティックな態度はスターリン時代に由来するもので、

ロシアにおける法とは、伝統的な東洋の法文化に類似しており、権力・正義・真実の混合体である。ロシアの現代立法は、最も先進的な諸国の法モデルの影響を受け、1990年代初頭に倒産・証券取引等の分野で西欧法が移植されたが、これらはロシアに根づかなかった（例えば、アメリカに倣った1992年企業倒産法は、1998年に伝統的な内容の新法に代わった）。

(h) ケベックでは、20世紀後半に再度の法典化が行われ、その法典はポスト・モダニスト的性格を反映している。多様な外国法源との対話と調整による文化変容が、ケベック新民法典を特色づけている。アメリカ合衆国においては、大量生産・消費が商事立法のハーモナイゼーションを必要ならしめたが、統一商法典は、外国法システムからの移植なしに創造された。しかしながら、テキサスとルイジアナには、依然としてスペインとフランスの伝統が残っている。

(5) 第四に、ベルリンの壁の崩壊からポスト・モダニズムまでである。ポスト・モダニズムは最初は芸術分野で用いられたタームで、1990年から文学・哲学・社会科学の分野に拡大された。[14]

(a) オーストラリアにおいては、その歴史的由来と土着の人々の権利とを受け入れようとする動きが顕著であることから、オーストラリアの権利章典（Bill of Rights）の不存在が今後の争点になるであろう。

(b) 将来のインドの法システムの動向は、その歴史の結果として極めて複雑なものになろう。イギリスは、枢密院（Privy Council）によるシャーストラ（ヒンドゥー教の聖典）の法（shastric laws）と慣習の解釈を通じて法文化を創造し、「正義・衡平・良心」の法格言を適用し続けた。しかしながら、インド憲法上、独立前からの法も現行法システムの一部とされており、婚姻・相続・養子などの分野で土着の固有法（personal laws）が法典化されている。

(c) 中国はカテゴリカルにはシヴィル・ロー国家（少なくとも、1978年の法システムの再創造はその道を歩んでいる）であるが、留保なしに法的メカニズムを移転したのではなく、法典の諸原理を経済的・社会的・文化的価値に順応させるために、アメリカの法システムとの相互交流を開始した。香港は移行

---

14) Id, 56-61. 貝瀬・前掲注2) 215-216頁。

期にあり、中国法システムと「融合した」コモン・ロー・システムとの相互作用は始まったばかりで、混合法域の一つに移行するであろう。

　(d)　イングランドの法システムは、法文化・法的ルールについて 20 世紀終盤にヨーロッパ連合から大きな影響を受け、(確かにコモン・ローはトラスト、約因理論、証書〔deed〕のようなフォーマルな文書の利用といった基本的特色を維持しているが) 1998 年人権法 (Human Rights Act of 1998) を通じて、基本権が問題となる私法の重要な領域——財産法、家族法、名誉毀損およびプライヴァシー法、雇用法——は、ヨーロッパ法学・ヨーロッパ判例法によって形成されてきたのである。スコットランドでは、ヨーロッパ連合への加盟、新たなスコットランド議会の開設、「人権法」によって、「第二次スコットランド法ルネッサンス」がもたらされ、「混合性」が活性化した。

　(e)　法移植について最も肯定的な結論を導くのは、ドイツの国別報告であり、ドイツの法システムは絶えず外国文化および法移転の影響を受けてきたとする。ドイツの文献では、法移転論は法の継受の分析の中で検討される。近時は、ドイツでの立法は統一的国際法 (uniform international law) となっているのであって、「ランドー原則」や「UNIDROIT 原則」のようなソフト・ローが立法に際して重要性を増しているのである。

　(f)　中東欧も多様な変化を遂げ、例えばチェコ共和国は、21 世紀の転換期に大規模かつ重要な移行を経験し、民商法・国際私法などの中核的法域で改正が行われ、民法の起草者はチェコの伝統を維持しつつもヨーロッパ私法の諸原則から重要な影響を受けた (意思自治を強調した)。ルーマニアは、EU 指令に従った法的移行の段階にあり、ローマ＝ゲルマン的要素を維持しつつも、法典と 21 世紀の法典化されていない法 (non-coded law) とが、混在している。ルーマニア新民法典は、社会主義の遺産を完全に根絶している。

　(g)　トルコにおいては、大学教授・法曹・司法省から構成される審議会 (Audit Commission) が、国連国際商取引法委員会 (UNCITRAL) の業績や EU 指令などを重視して、トルコ法の改革を進め、スイス法から最終的に脱却した (2001 年 11 月)。

　(h)　ケベックのリポーターは、脱法典化——伝統的に民法典の領域と考えられていた内容を特別法として立法化する——のプロセスを指摘する。裁判

所による法の解釈を検証すれば、法的文化変容の多様な形態——同化や統合による変容——が明らかになる。ケベックのトラストにも混合的性格がうかがわれ、判例は、民法典と調和する限りにおいてトラストの効力を承認した。プロパティとトラストの二分法それ自体がケベック法と相入れないとして、（債権法の中にトラストを編入したフランスやルクセンブルクのように）財産法の中にトラストを位置づけたのである（統合による法的文化変容）。

(i) 日本のリポーターは、国際通貨基金や世界銀行などの国際組織が東南アジアで推進した複雑な法移転においては、法システムの「西洋化」を求める国際的な圧力が顕著である、と指摘する。この地域の諸国は、「グローバリゼーションの圧力と、相互に矛盾するだけではなく・ローカルなシステムとも矛盾する多様なモデルを導入したドナーの圧力とによって生じた、法システムの体系的不整合」のために苦しめられている。したがって、日本は、その法整備支援（legal cooperation）——法整備支援とは、発展途上国が行う法整備のための努力を支援することで、法曹の人材育成に関する支援を広く含む——にこれまで慎重であって、法改革の努力に先立って慎重に準備した調査を行い、裁判官が規範上のギャップを埋める媒体となるために必要な、裁判官の独立に注目するのである。

(6) ここで紹介したコルデロの労作は、法移転を法文化的適応・法的文化移転と位置づけ（法移転は、法的変容を伴う）、そこにいう「法文化」とは、歴史的記憶と伝統の沈殿物であるとし（法伝統と適応を中核に据えるパトリック・グレンの法伝統論に共鳴することになる）、すべての文化は雑種であって法システムの純粋性は存在しないと説いていること、法的文化移転の運動とそれを支える諸学派を綜合的に分析し、法移植の担い手を解明していること、法的文化移転の歴史を四段階に分けて、グラツィアデイが提唱していた「移植／継受」の比較法の具体化をこころみていることに、大きな意義があろう。

ただ、コルデロもグラツィアデイも、法の「移植／継受」による混合法システムの形成について必ずしも十分に検討していない。混合法を第三の法族として位置づける見解や、（エリュジューの）いわゆる系図理論は、法族論に根本的な再検討を迫るものであるため、次に章を改めて代表的な見解を検討したい（いずれも混合法システムの基礎理論を扱うもので、ケアンズやツィンマーマ

ンらのスコットランド法史などの各論的業績を本書で取り上げる余裕はない)。

　なお、わが国のアジア諸国への法整備支援により、手薄であったアジア法研究の発展や比較法一般理論への寄与が期待される、と指摘されている。[15]

第5章　混合法論

1　前史

　(1)　比較法学者の主たる関心は諸法システムを法族に分類することにあったため、シヴィル・ロー伝統とコモン・ロー伝統のいずれにも明確に分類できない混合法システムの存在は当初から意識されており、「混合法システム」の観念をこのように——双方の法伝統の重要な影響を受けて形成された少数の法システムに——狭く限定するアプローチは、現代比較法学の歴史と同じほど古い。

　(2)　ウォールトンが、コモン・ローとシヴィル・ローの中間に属する法システム（スコットランド、ルイジアナ、ケベック）の存在を指摘してから半世紀後に（1949年）、オックスフォード大学比較法講座の初代担当者フレデリック・ローソンが教授就任講演で、「コモン・ローとシヴィル・ローの私法の比較、とりわけこの両者が接触・抵触する限界的・混成種的法（marginal and hybrid laws）の比較は、最も豊かな分野となるであろう」と結論づけ、狭義の混合法システム研究の機が熟したことをすでに説いていた。にもかかわらず、その真摯な研究が始まったのは20世紀の末からである。

　(3)　混合法システムの存在が意識され始めたのは法的ナショナリズムの時代で、そのほとんどが植民地化によって形成されていたため、混合法システムは母法から切り離された「孤児」で独自の研究に値しないと評価されたり、固有の慣習法が外圧によって抑圧・排除されるなどの不幸な事態が生じた。

　しかるに、混合法システムの法律家相互の関心の高まりや、自国中心主義

---

15)　五十嵐・前掲注1) 150頁。

の退潮から、混合法システムの経験が脚光を浴びるようになった。比較法学者の対応は、これらは分類不可能であると認めるか、現行の法族論は支持できないとして、すべての法システムは混合的であることを前提に、どの構成要素が支配的であるかを基準に再分類するか（「系図的」アプローチ）、広汎な混合性を特色とする独立の——第三の——法族として位置づけるか、のいずれかであった[1]。

2 第三の法族論

(1) 狭義の混合法システムを「第三の法族」として位置づけた——ただし、のちに改説している——ヴァーノン・パーマーは、次のように説く[2]。

(a) 混合法域（mixed jurisdictions）は世界に分散しているが、その内部の法律家から見れば統一性は明瞭であって（分散した統一体）、第三法族と構成することができる。

(b) 「混合法システム」ないし「混合法域」の意義については、コンセンサスが成立していないけれども、混合法域の法律家からすれば、その分類は極めて重要で、分類の際のパースペクティヴは欧米の法律家と全く異なるはずである。

(c) 比較法学の主流は複雑な混合を扱おうとしなかったが（分類上の空白）、人類学者・社会学者・比較法学者の世界の法システムのより精密な研究によって、混合法システムという法現象の存在が明らかとなった。

(d) ツヴァイゲルト／ケッツに代表される現代の法族論はヨーロッパ中心的にすぎ、私法システムによる分類で、混合法システムの入る余地がないといった重大な欠陥がある。

(2) パーマーが掲げている「狭義の混合法域」の共通の要素を挙げておこう。

第5章の注

1) J. du Plessius, Comparative Law and the Study of Mixed Legal Systems, in: Reimann/Zimmermann (eds.), The Oxford Handbook of Comparative Law (Oxfod U. P., 2006) 478-481, 486. 貝瀬「比較法学者たちの饗宴(3)」立教法務研究8号（2015年）220-221、223-224頁。

2) V. Palmer, Two Rival Theories of Mixed Legal Systems, in: Esin Örücü (ed.), Mixed Legal Systems at New Frontiers (Wildy, Simmons & Hill, 2010) 20-25, 34-35. 貝瀬・前掲注1) 243-245頁。

(a)　まずローマ法とカノン法の継受によってシヴィル・ローが移植され、次いでコモン・ローの影響が私法に及び、20世紀にはイギリス法の影響に対するシヴィル・ローの新たなリアクションが生じた。
　(b)　シヴィル・ローは、英米の制度を通じて復活している（裁判官の創造的傾向と、裁判所の生来の権限〔inherent power〕によるシヴィル・ローの解釈）。
　(c)　裁判所の判決が高い先例的価値を与えられており、制定法に次ぐ公式の法源とされている。
　(d)　民事訴訟は当事者対抗主義的・英米的である。
　(e)　コモン・ローの影響は、不法行為のような最も浸透しやすい分野に顕著である。
　(f)　英米の商事法が現地の商人法を排除した。
　この「古典的」グループでも、南アフリカやスリランカのように、宗教的・東洋的・アフリカ的な「固有法」(personal laws) が競合して結びつく場合がある。
　「狭義の混合法システム」のコアの部分についてはコンセンサスが成立しているものの（スコットランド、ルイジアナ、ケベック、スリランカ、南アフリカ。これにプエルト・リコ、フィリピン、イスラエル、南アフリカ諸国を加える者も多い）、シヴィル・ローもコモン・ローも含まない混合法システムも多いので、ミスリーディングな表現である。「混合法システム」(mixed legal systems) という名称は、さまざまな類型の「混合」(mixes) を含む一つの法族として用いるのが最も適切である。伝統的な狭義の「混合法システム」は、その法族の中のサブ・グループの一つにすぎない。[3]
　(3)　以上のように、「混合法システム」をコモン・ローとシヴィル・ローの古典的混合に限定する見解の対極にあるのが、法多元主義を前提に混合法システムの多元的概念を用いる見解である。
　すなわち、法多元主義者は、多様な「固有法」(personal laws) が共存し、それらと西洋法との相互作用が生じているアフリカおよびアジアのポスト・コロニアル社会の広汎な法現象を研究している。したがって、彼らは混合法

---

3) du Plessius, supra note 1, 483-486. 貝瀬・前掲注1) 304頁。

システムの概念もよりリベラルに把握し、広いクラスの混合法域を承認するようになる。多元主義者の基準によれば、同一のシステム（ないし social field）内で、複数の法または法伝統が相互に作用していれば、それだけで「混合法システム」となる。

このような多元主義的混合法システム観からすれば、世界の法システムのほとんど全体が「混合法システム」と性質決定されることになる。その狙いは、混合性に対する軽蔑的意味合いを払拭し、混合性・雑種性の普遍性を確認して、その適正な位置づけへの第一歩とするところにある。混合法システムに対する古典的理論とここで紹介した多元主義的理論とは実は相互補完的で、多元主義的混合法システム観は、システム内の非西洋的な「固有法」（personal laws）を顕在化させ、できる限り比較研究に組み込む必要があることを示唆し（例えば、南アフリカやスリランカにおける固有法とローマ法系オランダ法との相互作用は、無視できない）、古典的システムの理解と位置づけについて新たな展望をもたらすものである。

(4) こうした多元主義的理解は、現代ヨーロッパ法研究にも重視な効果をもたらす。すなわち、ヨーロッパ私法に内在する混合性を指摘し、国家的および超国家的レヴェルで進行する再混合の不可避性を説明し、コモン・ローやシヴィル・ローなどの古いキャッチワードが説明能力をすでに失っていることを明らかにする。

「混合法システムが世界の諸法システムの新秩序の出発点となる日が来るであろう。歴史的多元主義、人種（民族）的多元主義、トランスナショナルな法多元主義により与えられる情報に従って、世界の混合法システムを再編成・再分類しようとすることが、比較法の次の厄介な課題である[4]」。

3　エリュジューの混合法論

(1)　混合法システムは――そのアイデンティティの確立に伴い――相互に学びあうことができる、とする認識が広まりつつあり、この協調を具体的に示す顕著な例が、2002年の第1回混合法域世界会議（the First Worldwide

---

4) Palmer, supra note 2, 25-26, 35, 40, 47-48. 貝瀬・前掲注1) 243、245、246頁。

Congress on Mixed Jurisdictions）の開催と混合法域法律家世界学会（World Society）の創設である（2001 年には、「第三の法族」論を提唱したパーマー編『世界の混合法域——第三の法族』が刊行されている）。

(2)　スコットランドで開催された第 2 回混合法域法律家世界学会（2007 年）に提出された諸論稿は、エリュジュー編『混合法システムの新たなフロンティア』（2010 年）としてまとめられた。同書に収められたエリュジューの総序は次のように言う[5]。

(a)　混合法システム論は法族論への新たなアプローチを促すが、分類学は簡素化が目的であって、複雑になればなるほど混乱が生ずるというディレンマに直面しなければならない。

(b)　「混合法システム」について満足のゆく定義をすることはほとんど不可能である。歴史的混合と現代的混合、公然たる混合と隠れた混合、構造的混合と非構造的混合、複雑な混合と単純な混合のすべてをカヴァーできる定義は無理である。また、混合法システムと法多元主義とをどう区別すべきかも問題である。

(c)　狭義の混合法システムのサブ・カテゴリーであるいわゆる「混合法域」(mixed jurisdictions) は非常に多様であって、混合法域の大半をシヴィル・ローとコモン・ローの単純な結合と見るのは狭きにすぎる。

(d)　混合法システムを生ぜしめる歴史的事情は多様であるから、各混合法システムは一つの理論的枠組みの中で処理するのではなく、各システムに即した諸ファクターを評価しなければならない。

(e)　二つの法伝統の間を移行中の法システムの問題も理解しなければならない。

(f)　移行中のシステムは、どの時点で（何パーセント借用すれば）「混合」というラベルを貼ることができるのか。

(g)　すべての混合法システムの根底には、法は静態的なものではないという事実があり、そのシステムの生成にあたっては、「フロンティアを越えた法の可動性」(transfrontier mobility of laws) が重要な意義を有する。

---

5)　E. Örücü, General Introduction: Mixed Legal Systems at New Frontiers, in: Örücü (ed.), supra note 2, 1-6. 貝瀬・前掲注 1) 233-234 頁。

(h)　文化的コンテクストの決定的役割を重視する論者は、最終的結果たる「混合性」(mixedness) それ自体が文化であると考えるべきである。いずれかの文化がその法システムを代表するのではない。

(i)　この「混合性」を理解するには、広い範囲の知識が必要とされ、法史学・法社会学・法人類学・比較法の協働が不可欠である（多文化主義、社会＝文化的多元主義、法文化的多元主義、アイデンティティの概念は、混合法研究に有益である）。比較法学者がアフリカ慣習法を無視してきたのは、それが多元的な法人類学の領域に属するとみなしていたからである。

(3)　以上の問題提起を行ったエリュジューは、グローバル化が進んだ現代では、シヴィル・ローとコモン・ローが構造上共存している法システムのみを「第三の法族」としてまとめるのは、極めて視野の狭いアプローチ（「排除」のアプローチ）であると批判し、すべての法システムは混合であるという前提から出発し（「拡張」のアプローチ）、構成要素の比率に従って分類する「系図理論」を提唱する。この理論によって、いくつかの法伝統の合流点にあるマレーシア、シンガポール、タイなどの分類が容易になる、とするのである。

ただし、言語学上の「系図理論」は変化や差異の生じ方を説明できるにとどまったため、変化が波のように拡大して収束や類似性をもたらすとする「波理論」を併用する[6]。

(4)　エリュジューによれば、混合法システムは一つのスペクトルとして把握でき、その出発点は二つの西洋法伝統の「単純な混合」である。混合法システムの研究は、ヨーロッパ統合に貴重な教訓を与え、そこで注目を集めているのは、構成要素の限られた「単純な混合」すなわち「サラダボール」タイプ (mixing bowl type) であるが、混合法システム研究の視野を EU 内ないし西洋世界に限定してはならない。混合の構成要素が社会文化的にも法文化的にも異なる場合には「複雑な混合」が生じ、法が宗教ないし信条に大きく依存している場合には、より複雑な混合となりうる。

---

6)　E. Örücü, What is a Mixed Legal System: Exclusion or Expansion ?, in: Örücü (ed.), supra note 2, 53-55, 58-62. 貝瀬・前掲注 1) 234-237 頁。とくに、同 235-236 頁、236 頁（注 235）を参照されたい。

エリュジューは、「比較法学者を真に悩ませるのは、隠れた混合および進行中の混合（the covert and the ongoing mixes）であって、あらゆる場所での法と文化の相互作用を理解するための道を照らし出すことができるのが、『混合性』の研究なのである」として、以下の分類表を提示している[7]。日本の法システムは、「複雑な混合」の3、すなわちシヴィル・ローと慣習法の混合として位置づけられている。

図Ⅰ　混合法システム（Mixed Systems）

1　単純な混合（シヴィル・ローとコモン・ローが構成要素であって、実質レヴェルで混合するサラダボール方式）

　混合法域（「第三の法族」論の提唱者ヴァーノン・パーマーに譲歩して15ヶ国）。すなわち、ボツワナ、レソト、ルイジアナ、モーリシャス、ナミビア、フィリピン、プエルトリコ、ケベック、サンタ・ルチア、スコットランド、セーシェル〔the Seychelles〕、1996年前の南アフリカ、スリランカ、スワジランド、ジンバブエ

　その他の単純な混合。すなわち、ジャージー、マルタ、キプロス

2　複雑な混合（シヴィル・ロー、コモン・ロー、〔社会主義法〕、宗教法、慣習法の、異なったコンビネーションからなる混合）

　複雑な混合1（シヴィル・ロー、コモン・ロー、慣習法の混合。すなわち、カメルーン、1997年前の香港、レソト、スリランカ、1996年以後の南アフリカ、タイ、ヴァヌアツ〔Vanuatu〕）

　複雑な混合2（シヴィル・ロー、コモン・ロー、宗教法の混合。すなわち、イスラエル、ヨルダン、サウジアラビア、ソマリア、イェメン）

　複雑な混合3（シヴィル・ローと慣習法の混合。すなわち、ブルンジ、ブルキナファソ〔Burkina Faso. 機能不全〕、チャド、中国、エチオピア、ガボン、韓国、日本、マリ、ニジェール、ルワンダ、台湾、トーゴ）

　複雑な混合4（シヴィル・ローとイスラーム法の混合。すなわち、アルジェリア、エジプト、イラク、クウェート、レバノン、モロッコ、モーリタニア、シリア、チュニジア）

---

7)　Id, 67-70, 74. 貝瀬・前掲注1）237-239頁。（図Ⅰ）ないし（図Ⅴ）は、貝瀬・前掲注1）239-242頁。

複雑な混合5（シヴィル・ロー、イスラーム法、慣習法の混合。すなわち、ジブチ、インドネシア、セネガル）

複雑な混合6（コモン・ロー、宗教法、慣習法の混合。すなわち、パキスタン、インド、ケニア、ナイジェリア、ウガンダ）

複雑な混合7（社会主義法、シヴィル・ロー、コモン・ロー、慣習法の混合。すなわち、1997年前の香港、中国、キューバ、北ヴェトナム、北朝鮮）

3　法多元主義（住民中の異なった構成員に適用され、共存する法の諸層〔layers of law〕を伴う二元的システム。例えば、スーダン、ジンバブエ）

図Ⅱ　混合法システム

図Ⅰの諸システムは、主たる血統（primary parentage）によっても再編成できる。

すなわち、

フランス・グループ（例えば、アルジェリア、アンドラ、ベニン、ブルンジ、ルイジアナ、ケベック、モーリシャス、モーリタニア、モロッコ、セネガル、セーシェル、サンタ・ルチア、トーゴ、チュニジア）

オランダ・グループ（例えば、南アフリカ、スリランカ、インドネシア、ボツワナ、レソト、スワジランド）

スペイン・グループ（例えば、アンドラ、ベリーズ〔Belize〕、ボリビア、ルイジアナ、プエルトリコ、フィリピン）

ポルトガル・グループ（例えば、アンゴラ、ゴア〔Goa Union Territory of India〕、ギーアビサウ〔Guinea Bissau〕、マカオ、スリランカ）

イギリス・グループ（例えば、ビルマ、ベリーズ、ブータン、香港、マラウイ、スコットランド、南アフリカ、セーシェル、トバゴ、パキスタン、インド）

アメリカ・グループ（例えば、ルイジアナ、ミクロネシア、プエルトリコ、フィリピン）

しかしながら、この図は、自生の固有法（indigenous laws）が考慮され、かつ法システムが複数のグループのもとに出現するようになると（start appearing under more than one Group）、扱いにくいことになる。

図Ⅲ　混合法システム
1　明白な混合（全ての混合法システム。ブレンドされておらず、図Ⅰに引用されている）
2　隠れた混合（covert mixes. 外見上は混合でないシステムで、ブレンドされている）

　隠れた混合1（混合物〔compounds〕、漉されたピューレであり、ブレンドされていて、構成要素が類似の法文化・社会文化に由来する場合。すなわち、ローマ法、カノン法、さまざまなコモン・ロー〔various common laws〕およびそれら相互の組み合わせであり、純粋種と解されている全てのシヴィル・ローおよびコモン・ロー・システム。フランス、イングランド、イタリア、オランダ、ニュージーランド、スペイン、アメリカ〔ルイジアナを除く〕）

　隠れた混合2（混合物、漉されたピューレであり、エリートないし政治的圧力が混合の主力となるため、予期されない結果が生ずる。すなわち、アルバニア、アルゼンチン、ベルギー、ブルガリア、キプロス、クロアチア、エストニア、ハンガリー、カザフスタン、マルチニーク〔Martinique〕、先のユーゴスラヴィア共和国マケドニア、ロシア、トルコ、ウズベキスタン、ベトナム）

図Ⅳ　混合法システム
1　構造化されていない混合（パトリック・グレンとは異なる理解だが、シヴィル・ローが法典化されていない場合）。スコットランド、南アフリカ、イスラエル
2　構造化されている混合（シヴィル・ローが法典化されている場合）。ケベック、ルイジアナ、サンタ・ルチア

図Ⅴ　混合中のシステム（Mixing systems）
1　進行中の混合（Ongoing Mixes. EU や ECHR〔ヨーロッパ人権条約〕のように、互いを混合する地域的組織によってカヴァーされ、その圧力下にあるヨーロッパのシステム。近代化と民主主義化が進むアフリカのシス

テム）
2 移行中のシステム（Systems in transition. ある信条〔orientation〕から他の信条へ移動中のもの。東欧および中欧のシステム、ロシア、ウクライナ）

(5) エリュジューの大きな功績は、すべての法システムは混合的であるという前提から出発し、前掲図Ⅰないし図Ⅴにみられる分類法を具体的に提唱したところにあろう。エリュジューは、混合法システムをまず明白な混合と二種の隠れた混合とに分け（図Ⅲ）、純粋種と解されている全てのシヴィル・ローとコモン・ローを隠れた混合として位置づけているのである（図Ⅲの「隠れた混合1」を参照）。

エリュジューによれば、混合性の研究は法と文化の相互作用を解明するもので、タイやマレーシアのような移植／継受による多層的な法伝統を有する混合法システムの発生するプロセスは、「系図理論」および「波理論」で説明できるのである。

エリュジューの混合法研究は、法システム・法文化の「遭遇・出会いとそれに続くダイナミックな変化」（法的エリートが混合にどう対応するか）も視野に入れており、「進行中の混合」、「移行中のシステム」として分類している（図Ⅴ）。

エリュジューの見解は複雑すぎて実用性に乏しいとする批判もあるが、狭義の混合法システムのみを「第三の法族」としてまとめるのは狭きにすぎ、「第三の法族」論を提唱したパーマー自身も自説を修正するに至っている。[8]

4 比較法学と混合法

(1) 混合法システムが比較法学に対して有する意義を、デュ・プレッシ（南アフリカ・ステレンボッシュ大学）の論稿「比較法と混合法システムの研究」によって整理しておく。[9]
(a) 混合という現象は、世界の法システムの分類に携わる比較法学者にと

---

8) 貝瀬・前掲注1) 242-243頁。
9) du Plessius, supra note 1, 510-511. 貝瀬・前掲注1) 230-232頁。

って重要な挑戦となる。法システムが複数の伝統から強い影響を受けている場合には、それを構成する諸法族の一つへの移行を待つのは得策ではない（デュ・プレッシは、全てのシステムは混合的であるとするエリュジューの系図論は複雑すぎるとして反対し、独立の法族として承認するのが好ましいアプローチである、とする）。

　(b)　混合法域の議論は、法移植論にとって重要である。移植の過程では環境（context）の変化は不可避であるから、移植されたルールはその元来の産地で機能するルールとは同一ではありえない。混合法システムは、ドナー（母法）とドニーの環境は全く両立可能であるのみならず、どのようにしてドナーの法文化の諸相を取り入れることができるか（そのことによってルールの借用が促進される）を示すのである。

　(c)　混合法域は、多様な外国法域からルールを採用する際にいかなる実用的技術が用いられるか、そうした技術を用いる場合の動機は何かということを説明する。比較の視座からとりわけ興味深いのは、外国法を導入する際に、学問共同体とともに裁判所が果たす役割である。

　(d)　混合法システムは比較法の実験室であるが、混合法域における借用プロセスが、良い法あるいは悪い法を一般に発生させるという確実な徴候はない。混合の具体的経験の検証が必要である。南アフリカ（シヴィル・ローの環境）におけるトラスト制度の成功が示すように、移植の可否は、実際上の必要と、現行法・法文化の中での適応可能性（fit）とに依存する。

　この二つの条件が欠けていると、南アフリカ法に約因法理を導入しようとした場合のように、成功の見込みは失われる。適応可能性の判断にあたって、プラグマティズムの名のもとに構造上の一貫性をどこまで犠牲にできるかの線引きは難しく、混合法システムのアイデンティティが確立した現代でも意見は大きく分かれている（例えば、1961年にスコットランドに導入されたフローティング・チャージが定着したかどうか、評価は分かれる）。変化の原因を単一のファクター（例えば、外国による支配）に求めてはならない。

　(e)　混合法システムの法律家は、影響を受けた外国法システム内の変化にも絶えず注意している必要があり、そうした不断の比較法的再評価を怠ると、停滞ないし衰退に至る可能性がある。

混合法システムは、伝統的に外国からの影響に対してオープンであるが、母法システムの発展を絶えず検証するアップデート化の手続に必ずしも長じているとは限らず、混合法システムの裁判所が引用する外国法の資料に偏りが見られる場合がある。

　混合法システムの将来の発展を予測するのは難しいが、初期のシヴィル・ローの再評価（例えば、スコットランドおよび南アフリカの判例による不当利得法の発展）や比較方法の活用（混合法システムが相互に学びあうこと）による発展が可能である。

　(f)　シヴィル・ローが優越する混合法域で、コモン・ローの優れた点を評価しつつ私法を法典化し、双方の法伝統と矛盾しないルールを作成するという（混合法域の）経験は、それと類似の課題を担うヨーロッパにおける私法のハーモナイゼーションに役立つし、単一のヨーロッパ私法・真のヨーロッパ法学の発展にも役立ちうる。

　(g)　混合法システムは、継受の最初の段階とその後の法発展において言語が果たす役割の重要性を証明する。多言語主義という現象は混合法システムにおいて広くみられるため、そこでの経験は、比較法学者が法と言語の複雑な関係に取り組む場合に、極めて示唆的である。シヴィル・ローの影響が衰えないようにするためには、法源を英訳してアクセスしやすくするという方法がある（例えば、ルイジアナ州における民法典の英訳）。

第6章　展望

1　法族論の存在意義

　(1)　「マクロの比較」といっても、①単独の外国法の記述、②世界のリーガル・マップを描く法族論（世界の主要法体系論）、③複数の法システムないし法域の包括的・総合的な比較（いわば狭義のマクロの比較。ランドマークの著作がその一例）を区別する必要がある。

　(2)　先の②の意味での法族論の存在意義であるが、まず第一に、比較法史

の歴史叙述において活用できる。すなわち、法族論は、法が伝播した継受過程を照射する機能を有し、「法遺伝学」として発展させることが可能である。筆者が別稿で詳細に検討したヴァン・カネヘムの『ヨーロッパ民事訴訟の歴史』が、その好例である[1]。

　法族論の第二の存在意義としては、グローバルな視座を採用することによって、法システムの差異・多様性を把握し、ハーモナイゼーションの共通要素を抽出することが可能となり、法的寛容を育む。比較の対象を選択する際に、各法族を代表する法秩序に限定すればよいとする見解は、根拠に乏しい母法中心主義を招く危険がある。混合法システムの重要性を認識せしめるのが、現代法族論の中核的機能であろう[2]。

　法族論の第三の存在意義として、ミクロの比較の前提としての情報の入手に役立つ場合がある。特定のエリア（の特定の制度）が比較の対象に選ばれる理由としては、①法の移植／継受における母法国であるかどうか、②各国における法学の発達の度合い（これは外部から法システムを認識する際の難易に影響する）、③共通する問題の処理機能の先端性・普遍的優秀性が認められるかどうか、を挙げることができるが、法族論は①および②について概括的知識を提供できる。

2　新たなアプローチの成果と日本法の位置づけ

(1)　法族論の新たなアプローチの検討から得られた知見を整理してみる。まず、シヴィル・ローとコモン・ローという伝統的二分法について、マッテイは「専門家的法の支配」、フサは「普及力ある西洋法」、ファン・ヘッケは「西洋法文化」というグループで一括している。エリュジューの「系図論」においては、これらの法族は各混合法システムの構成要素とされるにとどまる（ジームスのテキストブックもこれに近い）。ランドマークは、狭義のマクロの比較を実行すれば、伝統的法族論では対応しきれない類似・差異が認めら

第6章の注
1) 貝瀬「歴史叙述としての民事訴訟(1)～(5・完)」立教法務研究6・7・9・10・12号（2013～2019年）。
2) とくに混合法システムにつき、Palmar, Two Rival Theories of Mixed Legal Systems, in: Esin Örücü (ed.), Mixed Legal Systems at New Frontiers（Wildy, Simmons & Hill, 2010）47-48.

れるとする。しかるに、グレンの法伝統論は、シヴィル・ロー伝統とコモン・ロー伝統を区別しており、その上位概念として「西洋法伝統」を構想することには消極的である。

(2) こうした二分法を前提とする古典的法族論——といっても、それが確立したのは 1960 年代である——の変容をもたらした原因は、マッテイが指摘するように世界のリーガル・マップが大きく変化し、従来の「ラディカルに異なる法観念」を比較法のメインストリームに組み込み、法的知識を伝達するための共通の法的文法を新たに提供する必要が生じたことであろう。

現在ではシヴィル・ローとコモン・ローは混合法システムの構成要素にすぎないとされ、法の継受過程および（固有法との競合や継受の競合による）継受後の変容の比較研究がむしろ重要である。イングランドとヨーロッパ大陸諸国は、いずれも、法と政治の明確な区別、リーガル・プロセスの大幅な世俗化（以上は、マッテイの挙げる基準）、あるいは法の支配、憲法上の人権、独自の専門化したリーガル・プロフェッションを中核とする西洋法文化（以上は、フサの指摘）を共有するので（ジームスはさらに「実定的・理性的な法」をファクターに加える[3]）、あわせて西洋法文化・西洋法族を構成すると考えるべきである。

(3) 日本法の位置づけについて、マッテイは伝統的法の支配のパタンが第一順位にあるとし、ファン・ヘッケはアジア法文化族内に位置づけ、エリュジューは混合法システムの中の複雑な混合の一類型（シヴィル・ローと慣習法の混合）であるとするが、ジームスは日本での見聞を踏まえて「現代ヨーロッパ法文化」に属するとしている。

日本法はマッテイ、フサ、ジームスの掲げるファクターを全て充足しており、伝統的法・慣習法の支配は大きく後退しているのであるから、変容した西洋法体系ないし混合法システムの一つと評価すべきであろう。調停などの裁判外処理制度が発達していることは特異な法文化とはいえず（イングランドのアンドリュースの代表的体系書では調停・仲裁を独立の巻として扱う。ドイツにおける調停法の制定）、法秩序の造形者としての法務官僚の役割、司法組織の

---

3) 貝瀬「比較法学者たちの饗宴(3)」立教法務研究 8 号（2015 年）250-251 頁。

(4) イスラーム、インド、中国は「伝統的法の支配」(マッテイ)、「普及力のある非西洋」(フサ)、「法または宗教による支配・統治」(ジームス)、「アジア法文化およびイスラーム法文化」(ファン・ヘッケ)に分類され、ロシア等の旧社会主義法族、ラテン・アメリカ、アフリカは、「政治的法の支配」(マッテイ)、「衰退しつつある西洋法(旧社会主義法)・非西洋法」(フサ)、「移行中の脆弱な法」(ジームス)に分類されている。

(5) 巨視的な分類枠組みはほぼ共通の方向に進みつつあり、その中で混合の度合いに応じて、さらにエリュジューのリストのように区分することが考えられる。本書でこれまで紹介してきた修正された法族論と混合法システムの多元的理論とを調和させるアプローチである。すなわち、エリュジューが提唱するように、全ての法システムが実質的には混合であることを端的に認め、そのリストにみられる構成要素と混合による変容プロセスとの分析を進めるアプローチは、どの構成要素が優越しているかによって大法族に再分類することと矛盾しない。例えば、西洋法文化そのものが「隠れた混合」にほかならず、日本法は西洋法文化あるいはそれが優越した「(明白かつ)複雑な混合」であると位置づけることが可能である。

エリュジューは、グレンの法伝統論と自らの「系図論」との親和性を説くが、この立場からすれば、日本法は複数の法伝統の「混合」ととらえれば足り、それ以上の分類にこだわる必要はないことになる。五十嵐清は、「グレンの法伝統論によれば、日本法伝統は、固有法伝統と中国法伝統とによってその基礎が築かれ、明治以後、大陸法伝統が日本の法の近代化に貢献し、第二次大戦後は英米法伝統の影響を受けるようになった、として説明される。それ以上に、現在の日本法がどの法系に属するか、という議論は不要ではなかろうか」と分析している[5]。

---

4) 貝瀬・前掲注3) 251-252頁。滝沢正『比較法』(三省堂、2009年) 116頁。
5) 貝瀬・前掲注3) 252-253頁、五十嵐清『比較法ハンドブック〔第2版〕』(勁草書房、2015年) 93頁。

3 法族論の将来

(1) 世界のリーガル・マップを静態的・網羅的に描くこころみが行き詰まると、多様な法伝統が共存するとして、法伝統の網羅的記述を最初から放棄するとともに、固有法、タルムード法、イスラーム法、ヒンドゥー法などを西欧法とほぼ同等の比重で描くパトリック・グレンの法伝統論が登場する。

法伝統を情報のネットワークとしてとらえるグレンの立論は、ジョン・ベルが批判するように、伝統を発展させるファクターを十分に論じておらず（ベルは、ヴァン・カネヘムにならって、法名望家集団間の影響のバランスが発展原因であるとする）、法概念の理解が狭きにすぎよう。グレンの業績から学ぶべきは、伝統的法族論のヨーロッパ中心主義を批判し、「複雑な大法伝統は相互排他的ではなく、多様なサブ法伝統の正当性を認める多価的思考方法をとり、他の複雑な法伝統に調和の基盤を提供する」と説いて、法伝統の調和、法における持続可能な多様性を指摘したことであろう。

グレンは、分類のためのいかなるシステムも恣意的であるとして、世界の諸法を個別的に比較する方がより科学的・前進的なプロセスであり、法伝統の非実定的性質は世界における法規範の動向に適合していることから、このプロセスと両立すると論ずる。[6] 重要なのは狭義の（個別の）マクロの比較なのである。

(2) 狭義のマクロの比較の実例としては、複眼的比較をこころみたランドマークの力作を詳細に検討した。ランドマークは法伝統および法文化を比較するアプローチを採用し、法の担い手 (legal actors) および制度とともに、法システムの哲学的・構造的・方法論的要素を検証する。すなわち、まず比較法言語学と比較法理学の英米・ドイツ・スウェーデンにおける状況を説明したうえで、①法の担い手としての弁護士・裁判官・素人裁判官と陪審（さらには、法学者と法務官僚も視野に入れる必要がある）、②法的推論、制定法とその解釈、判例（先例）からなる「法的ルール」を先の四か国について比較検討する。比較法理学の章では、「各法域の平均的法律家の哲学的プロフィール」の把握が目標となり、法の自律性・自己完結性・適用される法の決定可

---

6) 貝瀬・前掲注3) 253-254頁。

能性・法的確実性・法と道徳の関係をめぐって複眼的比較が行われる[7]。

(3) また、ファン・ヘッケは、既述のように世界を四大文化族に分け、同一大法文化族内での比較は、①法観念、②法源論、③法学方法論、④論証の理論、⑤法の正当性の理論、⑥共通の基本的イデオロギー（社会における法と法律家の役割を含む）の六つのパラダイムに即して行われるのに対し、異なる大法文化族に属する法システム間の横断的比較には、社会における法の現実の役割と機能に着目した人類学的・社会学的パースペクティヴが必要であるとする。

ファン・ヘッケの掲げる「パラダイム」は、ランドマークの指摘する項目と概ね重複しており、法文化横断的比較の場合にも、まずは両者の提言に従って比較をこころみ、法多元主義を前提としたグローバル比較法論の成果を取り入れた人類学的・社会学的アプローチを併用して、法の「制度的背景」（ジョン・ベル）や深層を探求すべきであろう[8]。

(4) グローバリゼーションに対処するために、自然法、法実証主義、社会法学的アプローチを超える第四の統合的・理論的アプローチとして、法多元主義を比較法学の主流に位置づけようとするメンスキーの大作「グローバル・コンテクストにおける比較法」につき、ヨーロッパそれ自体が多文化的・多人種的複合体であるから、メンスキーの方法論はヨーロッパにとって極めて重要である、と評されている。

「グローバル比較法」の内容について共通の了解が成立しているとは言い難い状況にあるが、パーマーが提唱するように、法多元主義を前提として、混合法システムの再分配が今後の法族論の中心的課題となるであろう。法移植／法継受の比較法を踏まえた混合法システムの形成と移植後の変容を分析することも必要となる。杉山直治郎が提唱した「普遍比較法学」と、こうした法多元主義とは相容れないのであろうか。

ヴァルガに代表される比較法文化論は、グレンの法伝統論とともに、法多元主義に馴染むものであり、グレンは世界の法伝統の交流・調和・共存を説く。グレンの法伝統論は「国民国家」が実体を欠くロマンティックな理念に

---

7) 貝瀬・前掲注3) 254頁。
8) 貝瀬・前掲注3) 254-255頁。

すぎず、全ての国家と国家の法はコスモポリタン的であるとする「コスモポリタン国家論」へと発展してゆく[9]。すなわち、法多元主義、比較法文化論、法伝統論は、コスモポリタン法・普遍法の探究を排除するものではないのである。(ちなみに、比較法文化論を構想した野田良之は、異種の法文化間の比較を可能にするために、「根元法」の観念を生み出した[10])。

(5) しかるに、個別の法制度を対象とするミクロの比較の場合には、その機能の先端性・普遍的優秀性がまず要求され、機能的アプローチが中心となるため、法族論は何よりも法システム選択の目安として利用される。ミクロの比較においては、法の差異・多様性を把握して異文化の法への寛容さを育む(「平和の比較法」)というよりも、法比較、ソフト・ローの形成を通じた法のハーモナイゼーションないし近接化が要求されるのである。比較の目的に応じて比較方法の柔軟な選択が認められてよい(方法論的多元主義[11])。

---

9) 貝瀬・前掲注3) 255-256頁。
10) 野田良之「比較法の基礎としての法の『元型』を尋ねて」学習院大学法学部研究年報18 (1983年) 1頁以下。
11) 第3章I(4)の注7) を参照。

第3部　グローバル比較法

第1章　グローバリゼーションと比較法

1　グローバリゼーションの意義

(1)　グローバリゼーションとは、「統一的な世界経済、単一の生態系 (ecological system)、地球全体をカヴァーするコミュニケーションの複雑なネットワークを創造し、統合するプロセス」、「空間と国家のディコンストラクションを伴う、強い緊張と矛盾のプロセス」などと法学者から定義されている[1]。本章では、グローバリゼーションが比較法に及ぼした影響を検討する。

わが国の体系書において必ずしも十分論じられておらず、先行業績も豊富とは言い難いテーマであるが、すでにジームスがその先端的な体系書に「グローバル比較法」の一章を設け、「法移植」、「収束・地域化・国際化」、「トランスナショナル法からグローバル法へ」、「比較法と開発」を分析している[2]。

(2)　まず、グローバリゼーションが比較法に及ぼした効果を主にワットの論稿によりつつ解説し、伝統的比較法学が不十分にしか対応してこなかった「風変わりな・非正規の諸地域」(extraordinary places)[3] への導入として、以下

第1章の注

1) W. Twining, Globalization and Legal Theory (Cambridge U. P., 2001) 4, 9-10, 189, 254. Watt, Globalization and Comparative Law, in: Reimann/Zimmermann (eds.), The Oxford Handbook of Comparative Law (Oxford U. P., 2006) 579. 貝瀬「比較法学者たちの饗宴(2)」立教法務研究5号 (2012年) 144-145頁、154頁。
2) M. Siems, Comparative Law (Cambridge U. P., 2nd ed., 2018) 229ff.
3) E. Örücü, Comparatists and extraordinary places, in: P. Legrand/R. Munday (eds.), Comparative Legal Studies: Traditions and Transitions (Cambridge U. P., 2003) 467ff.

では、メンスキーのグローバル比較法論の総論部分の紹介と、宗教法（ヒンドゥー法、イスラーム法）、アフリカ（慣習）法、東アジア法の入門的叙述をこころみる。

2　比較法学への影響

（1）　グローバリゼーションの圧力によって、伝統的な地政学的区分や、形式的法源の規範的権威が次第に失われ、国際環境の構造に深刻な変化が生じたことから、国民国家と概ね一致する諸伝統から構成される環境を前提としてきた（ヨーロッパ中心主義の）伝統的比較法学は、フォーカスの調整、方法論的・イデオロギー的再考が必要となった。比較法が独立の学問となった際のパラダイムへの挑戦である[4]。

（2）　比較法方法論においては、①比較のためのフォーカスを、国民国家から、諸伝統ないし認識上の共同体（epistemic communities）に向けなおすこと、②比較法が動態的パースペクティヴを採用すること、③私法を過度に重視する伝統的アプローチの前提を改めること、④法多元主義を比較法研究の本流に位置づけることが、要請される。

グローバルなコンテクストの中では、国家システム間の相互依存が高まり、トランスナショナルな規範の空間が出現し（国際仲裁における商人法など）、伝統的比較法学の関心や対象が侵食されてゆく。このような変化は、法を見る際の多重的・多価的パースペクティヴ（multiple polyvalent perspective）を要求する。

すなわち、「国家裁判所のパースペクティヴを超えて、私的仲裁人、投資を追求する移動性資本、トランスナショナルな利益共同体、国際裁判所、非政治的組織に競合的に刺激されて、法が進化しつつあり、そこでは法はグローバルな市場の単なる所産か、反対に、国境を無視した根本的価値の伝達手段・媒体とみられるのである（トランスナショナルな社会における、法のグローバルな断片化）」。グローバリゼーションのダイナミズムと、ローカルな体系への影響とを把握するためには、伝統的比較法学の静態的・解釈的アプロー

---

4) Watt, supra note 1, 579-583.

チの調節が求められる。グローバリゼーションはトランスナショナルな規範の形成と収束の方向に向かい、多様性を脅かすが、他の伝統との接触が促されるほどアイデンティティの感覚は鋭くなるため、グローバリゼーションがローカルな法文化を強化する可能性もある。グローバルな外圧がローカルな伝統に及ぼす影響は、多元的な交流関係を受容するローカルな文化の能力に応じて変化する（インドのように、多元的な伝統を有する国であるほど、受容が容易である）。

（3）　戦前においては、比較法学の主流は国民国家の諸法システムを対象とする法統一プロジェクトにあったが、現代の比較法文化論的アプローチは、法とルール、法と国家を同視せずに、法と共同体の結びつきを重視する。公式の法源を絶対視することなく、地政学的区分よりも社会・文化的区分（伝統）を尊重し、社会学と好んで提携するのである。

グローバリゼーションの最大の効果は、私的領域と公的領域の区分を希薄にするところにある（私法の規制的機能〔regulatory function〕の増加）。比較法学は、このような双方の領域の混合化と、公的規制者と私的規制者が相互に協調するガヴァナンスの新たな態様に対して敏感でなければならない[5]。

（4）　以上のような比較法学の伝統的方法論に対する挑戦のみならず、グローバリゼーションは、伝統的比較法学が前提とするイデオロギー的不可知論（ideological agnosticism）、その「認識論上の人種差別・自民族優越主義」ないし植民地主義的遺産、比較法学を支える世界観に伴う支配のパタンに対する批判（イデオロギー的挑戦）を生む。

グローバルなコンテクストにおいては、差異の思考（他の文化は自己の一変種にすぎないとする文化的融合主義を避けること）が特に重要であって、比較法学の倫理は「他者性の尊重」を基礎とすべきである。政策決定・制度設計・比較法的知見の実際的有用性に対する戦後比較法学の戦略的無関心については、グローバリゼーションの挑戦を受けて国家法それ自体がグローバル化する市場の対象となり、立法者に対するプレッシャーとなるから、グローバル・ガヴァナンスにおいて比較法研究も一定の役割を果たすことになる、と

---

5)　Id, 584-588. 貝瀬・前掲注1) 145-147頁。

批判するのである。

　(5)　トランスナショナルな規範が発達すると、比較法の対象たる国家法が欠落してゆくように思われるが、比較法はトランスナショナルな統一ルールの内容の改善に役立ち、裁判所や仲裁人が統一ルールを解釈するのに比較法的知識が必要であるし、条約の規定中のギャップを埋めるためには国家法の共通原則（common principles）に依存することが多いから、外国法の知識を構造化し、ユーザーに理解可能な形に翻訳する方法としての比較法は、実用的有用性を失わない。[6]

3　グローバルな法多元主義

　(1)　グローバリゼーションの影響を受けて、従来は法人類学と社会学の対象であった法多元主義のトピック（世界の法秩序の単純化できない多元性、ドメスティックな国家法が他の法秩序と共存していること、差異を克服するヒエラルヒー的に高次の地位が欠けていることなど）が、グローバルな領域で出現するようになった（「グローバルな法多元主義」）。

　(2)　法的グローバリゼーションの研究者の関心は法多元主義に向けられ（「グローバル・ローの多元化」）、とくにトイブナー（Teubner）は、新たな商人法（lex mercatoria）を基礎に、グローバルな法多元主義の理論を発展させた。トイブナーは、システム理論にもとづき、法は国家によってではなくそれ自身によって創造されるもので（オートポイエーシス〔autopoiesis〕）、法創造の中心は国家からトランスナショナルな担い手（transnational actors）へと移行したとする。その結果として、「多様な法秩序が結びついた、世界社会の多数の自律的でグローバルなサブシステム」に向かって拡大してゆく。商事法のみではなく、宗教を含む法多元主義の一般的アプローチに到達する。[7]

　(3)　比較法は非国家法を人類学・民俗学など他の学問分野に委ねてきたが、グローバルな法多元主義の影響を受け、人類学研究を吸収した新たな法族論

---

[6]　Id, 588-599, 603-607. 貝瀬・前掲注1) 114-120 頁。
[7]　Ralf Michaels, Global Legal Pluralism, 5 Annual Review of Law & Social Science (2009) http：// ssrn. com/abstract=1430395, p. 1, pp. 8-9. 貝瀬「比較法学者たちの饗宴(4)」立教法務研究 10 号（2017 年）35-37 頁。

は、法源ではなく構造を基準とし、非西欧法に対しても開かれるようになった（ヴェーバーの理念型にもとづくマッテイの類型論、グレンの法伝統論）。非西欧法の研究によって法システムの内部的異質性（internal heteronomy）が明らかにされ、混合法研究のもとでは、多様な法伝統の結合として広く承認されるようになったが、この内部的多元主義は膨大な法の伝播（diffusion）の結果であって、グローバルな性質を有する。ただし、混合法システム内部での多様な法の相互作用は、いまだ十分に解明されていない。[8]

第2章 『グローバルなコンテクストにおける比較法』
（メンスキー）

1 メンスキーの基礎理論

(1) ヒンドゥー法のスペシャリストであるヴェルナー・メンスキー（ロンドン大学東洋アフリカ学院（SOAS）名誉教授）[1]は、ヒンドゥー法、イスラーム法、アフリカ法、中国法を対象とした大作『グローバルなコンテクストにおける比較法』（第2版、2006年）において、「グローバリゼーションは、主として、普遍的同質化に至るのではなく、法学研究をよりチャレンジングで複雑にするようなやり方で増大した法多元主義に至るのである。ポストモダン的な、グローバル性重視の法学は、困難な企てなのである」と述べる。

(2) メンスキーは、「世界の法研究において周知の三つの支配的な主要理論、すなわち自然法・法実証主義・社会法的アプローチを結合し、さらにそれらを乗り越える総合的な第四のアプローチとしての法多元主義を提示する」とし、グローバルなコンテクストでの比較法研究の主流は法多元主義である、と主張するのである。[2] グローバルな平和・調和・理解・幸福を実現す

---

8) Id, 8-9. 貝瀬・前掲注7) 36-37頁。

第2章の注

1) メンスキーは南アジア、とくにインド、パキスタン、バングラディシュを専門とする。わが国におけるメンスキーの業績については、例えば、角田猛之＝ヴェルナー・メンスキー＝森正美＝石田慎一郎編『法文化論の展開：法主体のダイナミクス』（信山社、2015年）。

るためには、強制された・反多元主義的な画一化ではなく、多様性に対してより寛容になることが必要であり、多元性を重視する国際的な法学が可能である。

　メンスキーは、比較法と法理論を結びつけ、国家法の中心的役割を主張する狭い伝統的な法学方法論を克服し、法多元主義・法の差異を強調する。メンスキーによれば、グローバリゼーションは単一のものではなく（例えば、イスラム化やアメリカの世界支配）、（直線的な進歩のイデオロギーを支持する）モダニゼーションと（モダニストの啓蒙観に反対し、パースペクティヴの多元性を重視、人間理性の異質・多様性を説く）ポストモダニゼーションの双方を含む複雑なプロセスで、そこに内在する雑種性（hybridisation）は、「グローバルなローカリゼーション」ないし「グローカリゼーション」（glocalization）と呼ばれる。

　(3)　メンスキーは、法多元主義の理論史を概観し、社会的・文化的コンテクストを強調する法多元主義のポストモダン理論として、千葉正士の「法の三分モデル」（tripartite model of law）を高く評価している。すなわち、千葉は、法多元主義は普遍的現象であるとの前提に立ち、グローバル性重視の法学にとって極めて重要な複雑な法多元主義の概念を開発した、とするのである。千葉の理論においては、公式法（国家法とその公認する非国家法）は、常に非公式法（公式法ではないが、公式法を明確に補充・改変する法）および「法前提」（legal postulates）と、絶えずダイナミックな形で相互に作用していると説かれる。「法前提」とは、国家や社会集団が創造したものではない規範ないし価値で、特定の文化的コンテクストの要素として、公式法・非公式法と密接に結びついているもの（法規則を正当化ないし修正する価値原理）をいう。

　千葉は、この三分モデルをさらに発展させ、「①公式法対非公式法、②法規則対法前提、③固有法対移植法」という改訂モデルを提唱し、さらに法の全体構造を形成する指針となる「法文化のアイデンティティ原理」を導入した。アジア固有法と多様な継受法の相互作用で歴史的に発展してきた「法多元主義の非西欧的パタン」をアジア的パースペクティヴから検討しようとするのである。[3]

---

2)　W. Menski, Comparative Law in a Global Context: The Legal Systems of Asia and Africa (Cambridge U. P., 2nd ed., 2006), xi-xiii.

(4) メンスキーは、グローバル性を意識した法を理解するための「多元性重視モデル」を次のように提唱する。

(a) 法は、普遍的ではあるが、多くの異なった方法で現れる現象である。

(b) 法は、常に文化特有の社会的コンテクストで理解される必要があるため、本質的にダイナミックで柔軟である。

(c) 法は、多様な形式をとるのみならず、多様な淵源（sources）を有する。

(d) これらの淵源は、その本質において、国家、社会、宗教・倫理の多様な現れであり、多様な仕方で競合し、作用し合う。

(e) そのようなルールの一定の集合体は、他の二つの要素も構成部分として含み、その結果として、当該集合体に通常は目に見えない多元性の層が加わる。

(f) これは、国家、社会、宗教・倫理・道徳を三頂点とするかなり単純な三角形に描くことができる。

(g) 専門家および理論家としての法律家は、国家法の中心性を強調する傾向があり、そのため、倫理、とくに社会的・文化的要素を含む非国家的法源の役割を控えめに表現したが、その際に多様なルールのシステムが共存する可能性をひどく過小評価していた。

(h) 法か法でないかは最終的には法律家が決定するが、彼らは、いずれの法が支配するかの世界観（world-view）を推し進めるために、法の中心性を主張してきた。これは「法決定主義」（legal determinism）すなわち「法中心主義」として現れる実証主義の一形式と呼ぶことができる。これは世界の至る所の人々の経験と一致する見解ではない。

(i) それゆえ、そうした法中心主義は再検討の必要があり、法についてのより広いグローバルなパースペクティヴがとられるべきである[4]。

(5) この「多元性重視モデル」は、前記(4)(f)のような三角形として表示でき、国家以下の三要素の本質的多元性、それらの不断のダイナミックな相互作用を説明するもので、三角形の中心には、円の形で描かれた「法多元主

---

3) Id, 103ff, 119, 120, 123-128. 千葉正士『法文化への夢』（信山社、2015 年）39-40、117-118 頁。貝瀬「比較法学者たちの饗宴(4)」立教法務研究 10 号（2017 年）40 頁。
4) Id, 184-185. 貝瀬・前掲注3) 41 頁。

義」が存在する。メンスキーは、「社会現象としての法は、倫理的価値・社会規範・国家が創造したルールという同一の基本的要素から構成されている点で世界共通であるが、文化に特定される無数のヴァリエーションとして現れる」とし、前記(4)(f)の三角形の三要素全てが多元的で、互いに他の二要素を含んでいることから、あわせて九つの要素からなる「本質的に深い法多元主義」が認められる、という。

メンスキーは、以上の三角形モデルにさらに改良を加え、①旧自然法、②社会規範と文化の多様な形式、③多様な国家法、そして④「国際法と人権の多様な概念と形式（新自然法）」を新たな第四のコーナーとする「凧型モデル」（kite model）を考案している。このモデルにおいては、国内法を第四コーナー（④）へ牽引する力が特に強く働く[5]。

2　ヒンドゥー法史入門

(1)　メンスキーの大作の第2部は、「グローバルなコンテクストにおける地域比較」と題され、ヒンドゥー法、イスラーム法、アフリカ法、中国法を検討する。メンスキーが専攻するヒンドゥー法の部分を紹介し、基礎理論が第2部においてどの程度活かされているかを検証する。

(2)　メンスキーは、ヒンドゥー法の概観はクロノロジカルに進める必要があるとして、伝統的ヒンドゥー法の発展は、①古典ヒンドゥー法前のヴェーダ法の時代（マクロコスモス的な普遍的秩序すなわちritaが中心的概念）、②古典ヒンドゥー法の時代（現実的・世俗的・ミクロコスモス的な自己規律的秩序dharmaを中心とする義務の体系）、③後期古典ヒンドゥー法の時代（単なる自己統制ではdharmaを守るのに不十分で、ヒンドゥーの支配者の懲罰と紛争解決機能が重視されるようになる）、④ポスト古典ヒンドゥー法の時代、⑤英国の植民地支配の影響を受けたアングロ＝ヒンドゥー法の時代、⑥1947年の独立後の現代家族法・憲法の時代、と叙述を進めている。

ヒンドゥー法は、人間の行動は全面的に国家法により規律されるという立場を決して取らず、最初から反法的態度を内在させており、その中心には、

---

5)　Id, 184-188, 610-612. 図表も含め、貝瀬・前掲注3) 41-45頁。

より高次の、コスミックな上部構造内にある人間の自己規律的秩序という理念が存在した。伝統的ヒンドゥー法は法多元主義を実践していたのである。

(3)　メンスキーの整理するところでは、(a)　まず第一に、初期ヒンドゥー法は社会でインフォーマルに発達し、国家法にほとんど重きを置かず、宗教的特色・世俗的自然法の双方の特色を有していた。現実の法システムは大幅に慣習に委ねられ、慣習上のルールは呪術（magic）および宗教と密接に結びついていた[6]。

(b)　第二に、古典ヒンドゥー法では、フォーマルな法源は周辺的役割を果たすにすぎず、自己統制的な処理プロセスとインフォーマルな調停とが高く評価され、慣習法に大きく依存していた。本質的に多元的意識が強く、明らかに法中心的ではなかった[7]。

(c)　第三に、後期古典ヒンドゥー法においては、適正さについてのローカルな慣習的観念は依然として実社会における主要な法源であり、支配者はそのような慣習を尊重し、自らのdharmaに従って効果を付与しなければならないとされた。ヒンドゥーの支配者は立法を行うのではなく、人民が法であると考えるものを運用し、法をメンスキーのいう多元的三角形の中心内に維持するコントロール機能を有するのである[8]。

(d)　第四に、ポスト古典ヒンドゥー法では、「dharmaを確定する内面的なプロセス」から「紛争解決の確実で公式のプロセスにおいて、適正なバランスを発見しようとする可視的なこころみ」への重点の移行がみられ、世俗的関心の高まりと、「法学」の発生の多くの証拠がうかがわれるが、依然としてrita／dharmaの目に見えない全体論的複合体と結びついており、国家の制定にかかる公式のヒンドゥー法は存在しなかった。1100年以降のイスラーム支配下でも、ヒンドゥー慣習法は機能し続けた[9]。

(e)　第五に、イングランドの植民地支配下では、「不確実な権威的テクストに基づいた先例の混合体」としてアングロ＝ヒンドゥー判例法が形成され、

---

6) Id, 203-209. 貝瀬・前掲注3) 48-49頁。
7) Id, 209-218. 貝瀬・前掲注3) 49-50頁。
8) Id, 223-227, 234. 貝瀬・前掲注3) 50-51頁。
9) Id, 234-239. 貝瀬・前掲注3) 52頁。

ヒンドゥー法に対する無知を補うために、司法運営規則が残余的法源として認める「正義、衡平、良心」が利用されて、さまざまな源泉に由来する——ヒンドゥーの生ける法とは全く異なった——極端な判例の混合システムが生まれた。アングロ＝ヒンドゥー法は、実証主義の方に向けて、メンスキーの多元的三角形の中心から外側へ移動した。しかしながら、ヒンドゥーの慣習法は極めて重要で豊かな非公式法であった（初期の判例は、慣習の存在を立証すればヒンドゥー法の書かれたテキストに優越するとしている）。伝統的テキストの適用範囲が狭まってゆくにつれ、無数の慣習法に関する多くの未解決の問題と、それらと公式法との関係についての問題が発生した[10]。

　(f)　第六に、1947年の独立後は、インドは顕著な法の多元性を特色とする極めて複雑な法システムを継承した。ポストコロニアルのヒンドゥー法は、公式法源としては制定法が突出しているが、インドの立法者たちは、ヒンドゥー法が法典化・世俗化されたのちも古法が依然として適用されるということをわきまえていた。

「再構成された多元主義は、多数派の固有法・属人法としてのヒンドゥー法のみならず、ムスリム、キリスト教徒、パルシー教徒（Parsi）、ユダヤ教徒の法、随意の世俗的家族法を包含していた。仏教徒、ジャイナ教徒、シーク教徒は、今や法典化された現代ヒンドゥー法により規律され、公式には多様性は減少している。……独立インドは、フォーマルな法統一とインフォーマルな多様性との間の、困難ではあるが歴史的に馴れ親しんだ道を歩いている。現代インド法の多様なヒンドゥー的基礎からして、西欧モデルに従った形式的に統一された法的発展という安易な道は排除される」。

　包括的な法典化（西欧化）という独立直後の野心的プロジェクトは失敗し、代わりに1950年代には現代ヒンドゥー家族法の大部分が国会制定法として成立したが、ヒンドゥー婚姻法は、ヒンドゥー婚の成立要件として慣習上の儀式に従うことを要求しており、法源としての慣習が現代のヒンドゥー制定法においても明示的に尊重されている。なお、メンスキーは、「現代インド憲法の実証主義的体系の中で古いインドの（しばしば明らかにヒンドゥー的な）

---

10)　Id. 239-249. 貝瀬・前掲注3) 52-54頁。

概念を再利用した」例として、インド的公益訴訟と環境権の保護に関する第42憲法修正を挙げている。

　これらの例に見られるように、1970年代後半にインド憲法は「多元性を意識した再土着化」と呼びうる経験を積んだのであり、「世俗化というインドの独特のポリシー」と「インド世俗憲法の解釈による再構成において、伝統的インドの社会・文化的および法的概念に重要な地位を認めること」とは、なんら矛盾しないとメンスキーは分析する[11]。

　(g)　最後に、メンスキーは、「インド法システムの混合的な多元的性質」(the composite pluralist nature) を指摘し、例えばインド離婚法が大規模な統一法を形成する反面で、インフォーマルな紛争解決を好む固有法的・属人法的システムが維持されていたことを挙げ、「外見上は迅速な実定的法創造によって操作されているが、社会法的・倫理的関心によって深くインスパイアされている、このように例外的に精巧な法的再配列は、やがてポストモダンの法的再構築の重要な一例として理解されるであろう」と評価する。

　メンスキーは、インドのヒンドゥー法の事例から導き出される重要な教訓は、西欧の法的モデルは今日では遠く離れた移植の源泉にすぎないということであるとし、ヒンドゥー法伝統は、インドの混合的アイデンティティ・高次の多元的意識形態にそくした適正な法的成果を達成するためのインスピレーションの源泉であるから、伝統的な移植の技術は現在ではインドにおいて利用すらされないであろう、とインドにおける法多元主義の豊かさを強調する。グローバルな現象としての法を理解するために極めて有益な素材が提供されているとするのである[12]。

3　メンスキーへの評価

(1)　メンスキーの大作の第2部は、ヒンドゥー法に関しては、その総論で提示した三角形モデルが十分に活用されているとは言い難い。ただし、ヒンドゥー法史を参照する限りでは、自己規律的秩序が根底にあり、固有法・属人法の多元性、法源としての慣習の重要性が認められるため、三つのコーナ

---

11)　Id, 249-250, 252-255, 257-260, 267-270. 貝瀬・前掲注3) 54-57頁。
12)　Id, 273-275, 277-278. 貝瀬・前掲注3) 58-59頁。

ーに囲まれた多元的存在としてヒンドゥー法を理解する必要性は極めて高いというべきであろう。グローバリゼーションがヒンドゥー法に及ぼす影響について、より立ち入った分析が欲しかったところである。

(2) メンスキーのグローバル比較法論は、比較法研究の第四の理論的効用（本書第1部第2章Ⅱ4）で言及したトゥワイニングの「一般法理学」やドンラン／ウルシェラー編「法の概念」と同様に、宗教法・慣習法・土着固有法の研究には極めて有益であるが、比較法の実務的目的として立法・解釈の指針となることが重視されていることからすれば、法多元主義のみを前提とするのは狭きに失するであろう。すなわち、比較法研究の目的と比較の段階に応じて、既述のようにアプローチを決定すべきであろうし（方法論的多元主義）、ヨーロッパ発の国家法中心的（機能的）比較法・トランスナショナル比較法・法多元主義的グローバル比較法の役割分担を肯定するのが、比較法学の内容の豊饒化をもたらすであろう。本書では、以上の比較の目的に応じた区分（三つの比較法）を前提に、特に「グローバル比較法」の内容として、①比較法と宗教（法）、②比較法とアフリカ慣習法、③東アジア法伝統と法オリエンタリズムの三つのテーマについて解説しておきたい。

第3章　比較法と宗教（法）

1　宗教法の研究史

(1) いわゆる宗教法——その効力と内容が国家ではなく宗教に由来する諸法——への対応は現代比較法学の最大の課題であるが、比較法と宗教との関係を扱う文献は貧弱であり、宗教法はマクロの比較においては「その他の諸法」として、ミクロの比較においては「全く別異のパースペクティヴ」によるものとして、周辺に追いやられていた[1]。

その理由は、比較法の古典的作品がコモン・ローとシヴィル・ローの対比に主に着目してきたこと、両法族ともに基本的に同一の宗教的信条（キリスト教）にもとづくとの前提を採用していたことによる。さらに、宗教法の研

究はその現代的意義よりも起源と初期の発展に重点が置かれたこと、(宗教的共同体における) 生ける法 (law in action) よりも法典が比較法の研究対象であること、宗教法はほとんどマクロの比較にしか登場しなかったことも指摘されている[2]。

(2) しかしながら、21世紀の最初の十数年間に比較法学と比較宗教学の分裂状態は次第に変化し、両者の相互関係が注目されるようになった。具体例としては、前章で検討したメンスキーの『グローバルなコンテクストにおける比較法』(2000年初版)、パトリック・グレンの『世界の諸法伝統』(2000年初版)、アンドリュー・ハックスリー (Andrew Huxley) 編『宗教・法・伝統——宗教法の比較研究』(2002年) などが挙げられる[3]。

ラルフ・マイケルズは、論稿「宗教法と世俗化後の (ポスト世俗的) 比較法」(2016年) において、世俗化後の社会における宗教の地位を扱うハバーマス理論から示唆をうけ、宗教法を法として承認することと、比較可能にするために宗教法的言語と世俗法的言語の間の翻訳を行うことを基本的要素とする「世俗化後の (ポスト世俗的) 比較法」を提唱し、イスラーム法を中心に、ポスト世俗的家族法、イスラーム金融 (契約法) などのテーマを簡潔に論じている[4]。

(3) 西洋法族の場合、世俗法と宗教法の区別は歴史的にキリスト教信仰に由来するのであって、「法と宗教」研究のパイオニアであるハロルド・バーマンによれば、「12世紀から16世紀の間に、ローマ・カトリック教会のカノン法は、『宗教的・霊的な法』として、国王・封建諸侯・商人・都市の『世俗』法から区別されており、その数世紀の間、ヨーロッパでは、教会それ自体や聖職者や秘跡に直接影響する事項のみならず、家族法、教育、貧者

第3章の注

1) H. Berman, Comparative Law and Religion, in: Reimann/Zimmermann (eds.), The Oxford Handbook of Comparative Law (Oxford U. P., 2006) 739-741; R. Michaels, Religiöse Rechte und postsäkulare Rechtsvergleichung, in: R. Zimmermann (hrsg.), Zukunftsperspektiven der Rechtsvergleichung (Mohr, 2016) 43-45. 貝瀬「比較法学者たちの饗宴(4)」立教法務研究10号 (2017年) 62-63頁。
2) Berman, Ibid.; Michaels, Id, 45. 貝瀬・前掲注1) 62頁。
3) Berman, Ibid. 貝瀬・前掲注1) 62頁。
4) Michaels, supra note 1, 60ff., 66ff..

の救済、病人の介護などの事項も教会裁判所の裁判権に服していた。大公と国王がプロテスタント地帯の長となった16世紀のプロテスタント宗教改革とともに、かつてカノン法であったものが、大公ないし国王の権威のもとで、他の法分野と結合した。かくして、以前は宗教的・霊的な法に服すると考えられていた事項が、世俗の権威のもとで、多様な規律を受ける・いっそう包括的な国家法システムが出現した。多様な西洋法族のそのような世俗化の程度と性質は、その法族間の相違と類似を解く鍵である」。

(4) バーマンは、現代西洋法族と、イスラーム教・ヒンドゥー教などが優越している現代法族とを比較する場合には、各国で「世俗法」と「国家法」の区別がどの程度受け入れられているかを考察する必要があるとする。ヒンドゥーやイスラームの概念が公式法に及ぼす影響を国内の多様性とともに研究すれば、法それ自体についての比較法学者の知見が豊かになるのである[5]。

2 マイケルズのポスト世俗的比較法

(1) 「世俗化後の(ポスト世俗的)比較法」を説くラルフ・マイケルズは、自らのテーゼを次のようにまとめている。

(a) 現代比較法学は国家法を対象とする。非国家的宗教法は比較法においてはマージナル化されている。国家的宗教法は非国家的宗教法とは異なる。宗教法は、その内容が成文の典拠(geschriebenen Quellen)に由来すると解されることが多く、生きた宗教法に注意が向けられることは少ない。宗教法をトランスナショナルな非国家法と理解するならば、グローバル化における比較法に有益である[6]。

(b) 宗教法は、低い発展段階にある法であると解されることが多いが、発展段階は比較法にとって重要ではなく、宗教法が西洋法に非常に影響を与えたこと(中世におけるカノン法。コモン・ローのトラストがイスラーム法のワクフwaqfに遡りうることなど)を忘れているし、西洋法により排除される前に宗教法も近代化を経験していたことが看過されている[7]。

---

5) Berman, supra note 1, 741-742. 貝瀬・前掲注1) 63頁。
6) Michaels, supra note 1, 99, 45ff..
7) Id, 99, 49ff..

(c) 宗教法は、その宗教的性格ゆえに、根本的に異質のものと理解されているが、宗教法の全てが宗教性に還元されるわけではないし（イスラーム法の世俗化のように、世俗的なものとして再解釈される場合もある）、比較の目的のために宗教法の宗教的性格を否定するのは妥当ではない。それでは、法を社会的コンテクストで理解することと、法のシンボル的意義（die symbolische Bedeutung des Rechts）を把握することが不可能になる[8]。

(d) 「世俗化後の（ポスト世俗的）比較法」においては、法としての役割を果たし、グローバルな規範性（der globalen Normativität）を分かち合っているからには、宗教法も法として承認されなければならない。法を国家法・世俗法に限定するのは、世俗化と国家形成というヨーロッパの経験により文化的に染められているが、これはニュートラルとはいえず、このように限定することは比較法にとって不十分である[9]。

(e) 「世俗化後の比較法」の課題は、西洋法における法的ルールおよび法慣習に機能的に対応する（funkutional entsprechen）宗教的規範体系のルールと慣習にまず目を向けることである。イスラーム教やユダヤ教とは異なり、道徳と法を区別することが極めて困難なアジアの宗教と思想の場合には、こうした作業はより困難となる。本当にポスト世俗的な中立的法概念を発見できるかどうかは、確実ではない[10]。

(f) 宗教法の内容は聖典の内容に還元されず、近代法典と判例がこれに加わっている。宗教法の場合に特に重要なのは、制度外に存在する生ける法である[11]。

(g) 宗教法の場合は、（立法者や最高裁判所のような）最終的な判断機関が存在しないので、見解の分かれる問題が多く（例えばイスラーム法では、法律家は法律問題について固有の判断権限を有し、他の法律家の判断に拘束されないとするのが原則である）、比較法学は宗教法については曖昧さへの寛容を発揮しなければならない。したがって宗教法に統一的判断を求めるのは無益なことが多

---

8) Id, 99, 53ff..
9) Id, 99, 60-61.
10) Id, 100, 61-62.
11) Id, 100, 62-64.

く、宗教法の内容はプロセスとして把握されなければならない（どのような方法で判断がなされるのか、どのような資料や論法が用いられるのかを問わなければならない）[12]。

　(h)　宗教法と世俗法との比較は、双方向での翻訳プロセスを前提とする。このプロセスには、（法制度全体ではなく特定の機能のみを比較する）比較法の機能的方法が貢献する。宗教法と世俗法とは、両者が等しい機能を有する限りで比較可能となる[13]。

　(i)　「世俗化後の比較法」における宗教法と国家法との「比較可能性」（Vergleichbarkeit）については、まず第一に、法のさまざまな次元（Ebenen）を区別し、それらを相互に機能的に比較しなければならない（形式的比較可能性）。キリスト教、ユダヤ教、イスラーム教といった啓示宗教の場合には、神に由来する啓示法と（啓示法に反しないように法曹が個別的に作出・運用する）法曹法とを区別するのが比較法上有益である（例えば、イスラーム法におけるシャリーアと法曹により解釈・形成されたフィクフ fiqh）。法曹による宗教法は、啓示法を考慮せずとも理解できる部分が広く、世俗法や他の宗教共同体の法と比較的公正に（偏見なく）比較できる。啓示法の理念は、（ヒエラルヒー的関係でいえば）国家法における憲法に相当する（ただし、神の定めた啓示法は形式的に改正できない、という点で両者は異なる）。比較法上は、啓示のモメントはケルゼンのいう根本規範（究極的根拠）に相当し、両者は機能的に等価である。国家法と宗教法とは比較不可能であるという主張は、こうした次元の取り違えによるものである。多様な次元を区別すれば、より多くの次元での比較が可能となる。法曹法の次元では、国家法と宗教法との比較は比較的容易であり、啓示法と憲法も、最高法としての機能に関して言えば比較可能である[14]。

　(j)　第二に、同じく宗教法と国家法との比較可能性について、国家法と宗教法とのイデオロギー的相違を理由に両者は比較できないとするのは妥当でない。社会主義法との比較に見られるようにイデオロギーの異なる法システム間でも比較可能であること、世俗的西洋法もキリスト教的価値に充ちてい

---

12)　Id, 100, 64-66.
13)　Id, 100, 66-68.
14)　Id, 100, 68-72.

ることから、両者のイデオロギー的不一致は存在しない（実質的比較可能性[15]）。

(k) 宗教法相互の法比較（例えばイスラーム法とユダヤ法との比較）、宗教法内での法比較（一つの宗教内での諸法を比較する。宗教法内部での多元主義）、宗教法と国家法との比較の三つの場合がある。最も重要なのは第三の場合である[16]。

(2) 以上が「比較法における宗教法のマージナル化」、「世俗化後の比較法――基礎理論」、「世俗化後の比較法――比較可能性」の三章から構成されるラルフ・マイケルズの論稿の「総論」である。これらのテーゼを前提に、「世俗化後の（ポスト世俗的）比較法――適用例」として次のように若干の各論が検討されている。

(a) まず「ポスト世俗的家族法」である。現代比較家族法は広い範囲で世俗化されているため、宗教法は国家法にとっての問題として現れるのであり、それ自体が法として出現するのではない。ヨーロッパ家族法は教会法からの解放という宗教上の歴史を有しているので、現在の法統一プロジェクトにおいても世俗的性質が強調される（例えば、インゲボルグ・シュヴェンツァーらによる「グローバルなパースペクティヴからの家族モデル法典」や「ヨーロッパ家族法原則」は、原則として国家法のみを比較する）。

ただ、私生活への不介入原則に基づく世俗的家族法も、世俗的要素とキリスト教的価値を結合しており、完全に世俗的なものではない。「世俗化後の（ポスト世俗的）比較法」は、現代家族法に引き続き存在する宗教的要素を発見し、宗教法を比較法に関連づけることを可能にする。国家法と宗教法との関係については、世俗的モデル、多元的モデル（ein pluralistisches Modell）、ポスト世俗的モデルの三種類がある（ポスト世俗的家族法は、西洋的・世俗的家族法と宗教的家族法とを共存させ、多様な家族形態と制度に対し開放的であろうとする。国家的レヴェルでは、宗教法に由来する制度をも規律する一方で、当事者に自由な制度選択を委ね、非国家的制度・機関による判断を一定の要件のもとで承認するのである[17]）。

---

15) Id, 100-101, 73-75.
16) Id, 101, 75-78.
17) Id, 79-84.

(b) もう一つの適用例が「イスラーム金融 (Islamic Finance)」である。これは銀行取引・保険契約におけるシャリーア適合的な金融商品 (schariakonformer Finanzprodukte) を意味する。シャリーアに適合しているかどうかは裁判所や仲裁廷のみならず、「イスラーム金融機関会計監査機構」(Accounting and Auditting Organization for Islamic Financial Institutions)、法律家による鑑定 (Fatwas)、銀行・保険会社で構成されるシャリーア諮問委員会 (sharia boards) などの機関によって判断される。「イスラーム金融」は実務上きわめて重要であるが、比較法の文献における取り扱いは全くマージナルなものにとどまる。

この状態を改善する第一歩は、イスラーム契約法を比較契約法の中に取り込むことである。イスラーム契約法はこれまで歴史的・中世的な宗教法として理解され、比較不能とされてきたけれども、現代ヨーロッパの観点からしてイスラーム法は異常でも内容的にも比較不能でもない（利息禁止・投機禁止・賭事禁止はイスラーム法の三大原則であり、例えば、利息禁止を回避するためにムラーバハ (murabaha) のようなイスラーム法に反しない取引類型が発達した。西洋法にも利息・投機・賭事禁止の規定が見られる）。重要なのは市場秩序を規律する機能であって、これは宗教抜きで理解できる。

「イスラーム金融」は、20世紀後半に現代金融メカニズムに遭遇することで発生した分野で、イスラーム契約法とは区別しなければならない。シャリーア適合性は国家法の問題ではないが（多くのイギリス判例はシャリーアの適用を様々な理由から否定する）、極めて精密に機能している以上は、「イスラーム金融」は制度的基準（ファトワー fatwas）に基づく法システムと考えられ（シャリーア適合性は非国家法の問題すなわち法律問題である）、その限りで国際スワップ・デリヴァティヴ協会 (ISDA) や国際商業会議所 (ICC) の基準による西側諸国の金融財の自己規律と比較可能である。「イスラーム金融」はひとつの「法移植」「混合法システム」の問題で、比較法にとって豊かな可能性を有している[18]。

(3) マイケルズの提唱する「ポスト世俗的宗教法」は、グローバリゼーシ

---

18) Id, 85-94.

ョンを前提に、宗教法を——グローバルな規範性を分かち合う——トランスナショナルな非国家法ととらえ、生きた宗教法も社会的コンテクストの中で比較法の対象として承認しようとする（国家法と宗教法との間にはイデオロギー的不一致は存在しない）。

マイケルズは機能的アプローチを堅持し、宗教法と世俗法との比較は、両者が機能的に等価な限りで比較可能であるから、法の多様な次元を区別したうえで、西洋法に機能的に対応する宗教規範体系のルールと慣習に——双方向での翻訳プロセスを介して——注目すべきであるとする。その際、比較法学は宗教法の曖昧さへの寛容を発揮しなければならず、宗教法に統一的判断を求めるよりもそれをプロセスとして把握する必要がある。

これは西洋法さらには日本法と宗教法とのマクロおよびミクロの比較を可能とする枠組であり、メンスキーの労作がインド・イスラーム・アフリカ・中国の地域別報告の形式をとり、最初から法多元主義を前提としているのに対し、こちらは西洋法とトランスナショナルな非国家法との比較を、法の次元に応じた機能的アプローチで行おうとするものである。本書の「三つの比較法」の提言を前提に、機能的比較法とグローバル比較法の交錯する領域で生ずる問題と位置づけるべきであろう。こう解することによってマクロの比較とミクロの比較の双方が国家法と非国家的宗教法との間で可能となるのである。

3 イスラーム法瞥見

(1) マイケルズが宗教法の具体例としてしばしば取り上げるイスラーム法について、英文の『中東法入門』（2007年）で知られるレバノン出身のマラー（Chibli Mallat）の論稿「比較法とイスラーム（中東）法文化」の一部を以下に紹介しておこう。

(2) 21世紀西ヨーロッパにおける代表的イスラーム法学者ジョゼフ・シャハト（Joseph Schacht、1969年没）は、イスラーム世界の「法と正義」を検討した論文で、イスラーム文明を定義する際の法の独特の重要性を強調している。14世紀に及ぶイスラーム文明史との関連では、それは真実であるが、第一次世界大戦から1970年代初期に至るまでの時期は、決してシャリーア

すなわち「イスラームの聖なる法」の栄光の時ではなく、数世紀にわたって没落してきたイスラーム法の大半は、西ヨーロッパ式の立法と交替した。儀式の遵守は別にして、法的ビジネスを実行するにあたり公然とシャリーアの教訓を参照するムスリムはほとんどおらず、イスラーム世界における宗教法の地位は相当に後退に後退した。

　イスラーム法曹（シャリーアの解釈者）がリードしたイラン革命（1979年）は状況を一変させ、テヘランにおけるイスラーム政権の出現を経て、21世紀の初頭までには、シャリーアは、ムスリムが相当な多数派を占める大半の諸国の政治生活の中心に復帰した。イスラーム法を遵守するイスラーム諸国の確立を求める声がムスリムの間に普遍化し、全ての「近代」立法の制定と解釈がイスラーム法と矛盾しないかどうかの審査に服し、比較法は現代イスラーム世界の本質的要素となった。[19]

　(3)　マラーは、イスラーム法の法治主義政治（nomocracy）と現代デモクラシーにおける法の支配とを比較する場合には、以下の諸点を区別するのが有益であるとする。①イスラームが支配的宗教である諸国の多くは中央集権的構造を欠くため、社会における法の機能が極めて複雑になる。②イスラーム法は、属地的というよりも属人的（personal）法システムである（これは宗教を基礎とする中東の法秩序の特色である）。③歴史的パースペクティヴからすれば、7世紀のイスラームの啓示以来、イスラーム法の流れは途絶えることなく、シャリーアは地域を超えた普通法（common law）の様相を呈し、「初期には、コーラン（クルアーン）のテキスト、ハディース（預言者に帰属するアフォリズム）、sira-maghazi（預言者の伝記的説明）は多くのジャンルで磨きをかけられ、この遺産に、古典時代の学術書（フィクフ fiqh）、慣習法、今なお残っている記録保管裁判所で利用できるケース・ロー、判決の技術に関する文献、ファトワー（fatwas. 個別の法的意見）、書式、捺印証書（deeds）と契約書、15世紀以来の制定法（カーヌーン quanun）、年代記のような歴史と文学が加わった。近時の学問は、これらのジャンルを全てイスラーム法の範囲内に取り入れている。その結果、法源の概念、法とその解釈の発展、イスラ

---

19)　Chibli Mallat, Comparative Law and the Islamic (Middle Eastern) Legal Culture, in: Reimann/Zimmermann (eds.), supra note 1, 610-612. 貝瀬・前掲注1) 67-68頁。

ーム法の『諸学派』、……19世紀および20世紀の国家法の法典化に対する理解に大きな変化が生じた」。

　なお、マラーの分析の対象は中東に限られ（インド、インドネシアは含まない）、国民国家ごとにイスラーム法を検討するアプローチは取らない。シャリーアが共通の影響を及ぼしているからである[20]。

　(4)　マラーによれば、「イスラームの啓示から1500年が経過し、イスラーム／中東世界と結びついた不安と暴力を見れば、西と東は正反対の法概念を有しているがゆえに衝突するのではないか、と比較の観点から疑問が生ずる。西側からすれば、法は国民国家とその領土と結びつき、イスラーム／中東側からすれば、法は人的次元により支配され、宗教とその中の宗派を基礎として確定されるものである」。

　「概括的に言えば、21世紀への転換期に当たり、個人の保護と憲法による政府のコントロールとのいずれの点でも、現代イスラーム／中東世界における法の支配は失敗である、と認めるほかはない。オスマン帝国のメジェッレのように時には法典化に成功することもあったが、契約および不法行為法の分野においてすら、重層的（ないし混合的）な法の分断されたシステムのために、一貫性と安定性を実現するのが困難なのである。すなわち、イスラーム法システムは無過失補償から出発し、それから契約と不法行為の原則に対する例外を設ける。これは、出発点として個人の責任が立証される必要がある西欧のシステムとは逆である。現代の中東における民法典は、両方のアプローチを調整するという困難を抱えてきた。裁判所は、西欧の基準を1000年に及ぶイスラームの伝統と調整しないまま、西欧システムを守る傾向にある」。

　「家族法においては、社会的圧力と男女平等の要求が増加しつつあることから、本質的に非平等主義であった古典的システムが改善された。しかしながら、その成功は全体的でも統一的でもなく、その分野の極めて最近の法改正にも、西欧法とイスラーム法の矛盾したシステムが露わなままである」。

　「一方で、比較法学の伝統は依然として強固である。すなわち、立法者は、

---

20)　Id. 612-614. 貝瀬・前掲注1) 68頁。

外国の先例を（民刑事法改正の場合のようにフランスに由来するものであれ、家族法の場合のように近隣のアラブ／ムスリム諸国に由来するものであれ）、まず調査せずに法を通過させることはほとんどない。裁判官でさえ、法律問題の国際的かつグローバルな性質が増大することの影響を受けており、エジプト最高裁判所は、ためらわずにアメリカ合衆国最高裁判所判決を長く引用している」[21]。

　(5)　わが国の比較法学からすれば、イスラーム（中東）法は主に非規範的目的に基づく——つまり、立法目的ではなく法的認識を深めるための——マクロの比較の対象であろうが、「イスラーム金融」にうかがわれるように、国際取引においては実務的目的に基づくミクロの比較が必要な場合もあり、法多元主義により——比較宗教学・文化人類学・社会学の助けを借りて——法源を認識しつつ、マイケルズが指摘する機能的比較法を活用すべきであろう。

第4章　サブ・サハラ法伝統論

1　比較法学とアフリカ法

　(1)　「法的フォルマント」論の提唱者であるロドルフォ・サッコは、アフリカ法研究の先達でもある。アフリカ法に対するサッコのアプローチをサッコの論稿「サブ・サハラ法伝統」によりつつ検討したい。

　なお、サブ・サハラ・アフリカとは、北アフリカ（ファラオ、ペルシア、アレキサンドリア、ローマ、オスマン帝国にいたる支配を受け、中東・地中海域と歴史および法的枠組みを共有する）、南アフリカ（強力なヨーロッパ化のプロセスに組み込まれ、アフリカ大陸の他の諸国とは区別される）を除く部分を示す（サッコ他『アフリカ法』（2009年）は、アンゴラからジンバブエに至る33ヶ国のアルファベット順の概観を含む）[1]。

　サッコは、アフリカ法を、①伝統法の層（layer）、②イスラームを中心と

---

[21]　Id. 638-639. 貝瀬・前掲注1) 69-70頁。

する宗教的な層、③1880年から1960年に至る植民地時代の層、④独立の時代の層、といった四つの諸層が積み重なった複雑な実体として考察する。最後の「独立の時代の層」は、④-1. ヨーロッパ・モデルの模倣の時代（1960年から1980年まで）、④-2. それに続く伝統的価値の再発見とモデルの合理的選択の時代、に分かれる[2]。

（2）　まず第一に、アフリカの伝統法は、専門的法律家、組織化された法的知識の伝達、法的ターミノロジーを伴わずに発生したため、伝統的アフリカ法の研究には人類学的方法論が必要である。伝統法は、アフリカ法の複雑な構造の中の最古の層であり（伝統法それ自体が複数の層に分かれる）、霊性と結びつき、これを尊重しない者には超自然的なサンクションが加えられる可能性がある。口頭性がその特色であるため、mute law ないし sign law であると説かれてきた。11世紀以降、エジプト経由で膨大なイスラームの移民が移住したが（セネガル、ギニア、ナイジェリアなどでは、今日でもイスラーム教が中心である）、アフリカのイスラーム教徒（スンニ派）は、家族法・相続法の分野を除き、地方慣習・伝統を大幅に受け入れた[3]。

（3）　第二に、植民地時代の層についてサッコは以下のように説明する。1880年頃からポルトガルなどのヨーロッパ諸国による植民地化が始まり、①ヨーロッパの道徳性に反するアフリカ慣習法は抑制する、②植民地化前の旧裁判官を排除するような基準で、裁判官を任用する、③新任の裁判官は、ヨーロッパ的解釈を通じて伝統法を認識する、といった方法で慣習法が排撃された。ヨーロッパ・モデルの浸透状況は分野によって異なり、行政法と商法は直ちにヨーロッパ化したが、それ以外の分野では、ヨーロッパ人に適用される支配国・宗主国法と、原住民に適用される（宗教的・伝統的）土着法とが共存したものの、アフリカ人を支配国の定めるルールに服させるような基準が新たに発達し、支配国は植民地のみに適用されるルールを作成するよう

第4章の注
1) R. Sacco, The sub-Saharan legal tradition, in: Bussani/Mattei (eds.), The Cambridge Companion to Comparative Law (Cambridge U. P., 2012) 313ff. Sacco, Le droit africain (Dalloz-Sirey, 2009) は、「北アフリカ」のエジプト、リビア、チュニジア、アルジェリア、モロッコ、スーダン、エチオピアなどを対象から除いている。
2) Id, 313-314. 貝瀬「比較法学者たちの饗宴(4)」立教法務研究10号（2017年）71頁。
3) Id, 314-320. 貝瀬・前掲注2) 71-72頁。

になった(イギリスは、元来インドのために作成した諸法をアフリカ植民地に導入し、フランスは、チュニジアとモロッコに債務法典を取り入れた[4])。

(4) 第三に、第二次大戦後、特に1960年代の独立の際に、アフリカ諸国はヨーロッパの植民者のモデル・伝統的モデル・折衷的解決のいずれをとるかを選択できたが、成文化されていない法は伝統的で特殊で部族的なものとして信用されず、書かれた権威のある法が好まれ、アフリカの立法者はヨーロッパ法に依拠した。伝統法は撤退した。

サッコによれば、「しかしながら、当局によって正式に交付された法のみをアフリカで機能している唯一の法であると考えてはならない。長らく、法学は……『隠れた法』が存在することを認めてきた。アフリカでは、公式法は都市において、教育のあるヨーロッパ的サークルにおいて作用する。しかし、公式法はブッシュや大都市を囲むスラムには到達しないのである」。イスラーム法、キリスト教の信仰、ヨーロッパ・モデルの強力な権威が、そろって伝統的アフリカ法を荒廃させ、生き残るべき伝統的制度まで破壊した。しかし、アフリカおよびヨーロッパの法学者の鋭い分析によれば、伝統的アフリカは死滅していない。「共同体を再発見し、共同体と法、法的地域主義、ローカルな慣習的法源を結びつけようとする自発的傾向がある。実定法的パースペクティヴからすれば……法は後退し、慣行と、伝統的裁判官および伝統的調査方法(魔法に頼ることもある)による伝統的手続とが利用されている。裁判官は、彼自身のローカルな文化に従って、ヨーロッパ・モデルに刺激された法を解釈している」[5]。

2 アフリカ法の共通性

(1) 比較法学者が注目するアフリカの典型的特色――伝統に立脚し、植民地のルールで強化された特色――は、次のとおりである。

(a) 軍がその重要性を誇示している。

(b) 植民地管理の長が、アフリカでは目に見えない絶対的権力として登場する支配国・宗主国に従っていた。

---

4) Id, 321-324. 貝瀬・前掲注2) 72頁。
5) Id, 327-330. 貝瀬・前掲注2) 73-74頁。

(c) 行政権が土着・自生の裁判所とその判決にコントロールされた。
(d) 政党が適正ではなく、反体制派は疑惑の目で見られた。
(e) 支配国・宗主国が、ブッシュを生産的にしようとして、国有化し、排水設備を整え、特権を与えた。

(2) サッコによれば、アフリカ法に共通の根本的要素としては、(原則として個人の市民的権利と自由の保護を目的とする) ヨーロッパ法・イスラーム法・伝統法が形成する自然法の一連のルールと、緊急時の介入を根拠とし、権力の維持を目的とする政治的な法 (political law) とが存在する。政治的法は、憲法上の生活、特権の実務慣行をコントロールし、厳格な (恣意的な慣行と政治化された裁判官によって運用される) 不文の刑事法に訴える。伝統的理念、植民地支配下の慣行、マルクス=レーニン的革命モデルがそのような絶対主義的法を実質的に支持したのである[6]。

サッコはこのようなアフリカ法に共通の根本的要素を挙げ、四つの層が積み重なった複雑な実体としてアフリカ法を把握し (地方慣習・伝統法がその最古層である)、ヨーロッパ法に依拠した都市の公式法とその周辺部の「隠れた法」が並存し、慣行・伝統的裁判官・伝統的手続の復活が見られることから、伝統的アフリカ法の研究には人類学との協力 (法人類学的方法論の活用) が不可欠である、と提言しているのである。

3 アフリカ慣習法

(1) サブ・サハラ慣習法の形式 (口誦伝統の中の法の保存) と発展を分析したトマス・ベネット——ケープタウン大学教授で、『南アフリカにおける慣習法』(2004年) などで知られる——の論稿「比較法とアフリカ慣習法」によれば、こうした慣習法の内容を確定する作業は社会人類学者に委ねられてきた。比較法学者はヨーロッパの法システムをモデルとしたため、慣習はプリミティヴで法の価値を有しないと考えがちで、慣習法の内容を確定するスキルを有していなかったのである[7]。

(2) 植民地勢力は、適正な裁判運営のために、慣習法・自生法 (indigenous

---
6) Id, 332-334, 337-339. 貝瀬・前掲注 2) 74 頁。

laws) が適切に「文明化されている」場合や自然的正義・衡平・道徳性・公序と矛盾しない場合には、慣習法を承認し妥協をはかった。植民地の法秩序の基礎は、ヨーロッパの基本権と自由でなければならないとするのが、共通の一般理念であった。

慣習法は口頭の形式でのみ存在し、ケース・バイ・ケースにその内容を決定するのでは時間がかかりすぎるうえ、安定性と統一性が不可欠な「植民地における正義」を害することになる。そこで19世紀半ばから、イギリス領のアフリカでは、口頭の慣習を成文化するオフィシャル・プロジェクトが開始され、慣習法のテキストブックが普及した。しかしながら、口頭上の伝統を成文化する場合には、慣習の一般化・体系化・特殊専門化（学問化）が生じ、植民地裁判所・植民地政府の官吏による西欧の法律用語への翻訳がなされることになる。

(3) ベネットは、社会人類学は慣習法の主要な情報源であったとして、構造的・機能主義的伝統の中で活動していた人類学者が、1960年代以降、秩序とルールの代わりに紛争・手続の考察に関心を向け、権力と政治の研究にも取り組んだ、と指摘する。

脱植民地化以後の1970年代には、アフリカ社会においては慣習法の支配が依然として続いていることが明らかになり、1980年代には、ネオ・マルクス主義に刺激された人類学者の新たな世代が歴史と政治経済を研究対象に取り込み、専門的・学問的著作のイデオロギー的局面を探求し、慣習法を定義する際に機能していた「文化と伝統」概念を批判した。

1986年にジョン・グリフィスが提唱した「法多元主義」（「強い」法多元主義）は、法と社会の関係を概念化する新たな手掛かりとして歓迎され、慣習法研究に相当な影響を及ぼした。法の記録から現行のテクストの批判的考察に研究の重点が移り、慣習法の多義性（ambiguity）が意識されたことで、1950年代および1960年代の機能主義的民俗誌学（functionalist ethnographies）の最盛期よりも、慣習法の研究がはるかに困難になった。フィールド

---

7) T. W. Benett, Comparative Law and African Customary Law, in: Reimann/Zimmermann (eds.), The Oxford Handbook of Comparative Law (Oxford U. P., 2006) 641-643. 貝瀬・前掲注2) 75頁。

ワーカーは、拡大しつつあるアフリカの都市部の規範システムを考慮しなければならず、その異種混交的性質（heterogeneity）からして、生活を形成する宗教などの諸力も考察の対象とする必要がある。

今日では、成文法がアフリカの法システムの基礎であるため、慣習法が生き残るには記録される必要があるが、ヨーロッパの法律言語を用いて体系化すると、生ける法からは遥かに遠ざかることになる。それでも、こうした記録や体系化は、アウトサイダーが慣習法にアクセスする唯一の方法である[8]。

(4) ベネットは、「比較法における法人類学」と題して次のように締めくくる。すなわち、比較法学者が法の社会的基盤を考察する場合に、法人類学は貴重な研究補助の役割を果たす。慣習法は、緊密に結びついた同質的なコミュニティ——その構成員は共通の価値と目標を有する——内において、もっとも有効に機能する。口頭による伝統の中にのみ存在する法は、体系を欠き、また慣習的コミュニティでは、政治的コントロールの度合いが比較的弱く、司法に対する中央集権的権威が及ばないので、抽象的ルールよりも紛争処理プロセスが重要となる。不文の法と慣習のコミュニティに分け入ることは、法学研究の伝統的方法を用いるのでは不可能であり、法人類学が開発したテクニックが必要不可欠である。法人類学と法多元主義は、立法者よりも受容者の視点を提供する。社会統制の方法および法のイデオロギー的機能に対する人類学者の関心は、慣習法における「鍵概念」（key concepts）である文化と伝統について新たなパースペクティヴをもたらしたのである[9]。

(5) 以上検討したベネット論文は、アフリカ慣習法に対する人類学のアプローチから法多元主義が発展してゆくプロセスを綿密に分析する。「国家のアイデンティティは言語によって与えられ、小さな言語共同体が国家の課題を引き受けることはできないため、アフリカ国は国民国家ではなく、植民地以来の境界を継承した」（サッコ）というアフリカの状況から法多元主義が構想されるに至ったので、慣習法を重要な構成要素とする混合法の場合に、法多元主義と法人類学的アプローチはもっともよく機能するといってよい。

本書では、「グローバル比較法」として機能分担を提唱しているが、「法多

---

8) Id, 645-646, 648, 656-657, 663-664, 666-671. 貝瀬・前掲注2) 75-78頁。
9) Id, 671-672. 貝瀬・前掲注2) 78-79頁。

元主義、比較法文化論、法伝統論はコスモポリタン法・普遍法の探究を排除するものではない」のであって、機能主義と普遍主義をコアとする伝統的比較法学のアプローチに組み込むことも可能である（非規範的目的からする比較）。法人類学的・法社会学的アプローチ（socio-legal studies）は伝統的比較法学においても活用されるべきである。

第 5 章　ルスコラの東アジア法伝統論

1　総説

フサの『比較法新入門』は、方法論的多元主義を前提に、伝統的比較法に対する批判的アプローチの代表例として、ルスコラの「法的オリエンタリズム」論を挙げる。また、比較法の代表的ケースブックの一つであるシュレジンジャー『比較法』第 7 版（2009 年）は、共著者の一人にルスコラを加え、その第 1 章「グローバルな法的コンテクストの根本的変容」では、「法的オリエンタリズムの警告」と題して、ルスコラの代表作である論文「法的オリエンタリズム」（2002 年）の一部を資料として掲げるとともに、中国法の叙述を強化する。マッテイらを編著者とする『ケンブリッジ比較法コンパニオン』（2012 年）の第 3 部の法伝統論も、ルスコラによる「東アジア法伝統」の章を設ける。本書では、このルスコラの分析を取り上げる。

---

10) Sacco, supra note 1, 327. 貝瀬「比較法学者たちの饗宴(3)」立教法務研究 8 号（2015 年）239 頁以下の図 1、256 頁、貝瀬「比較法学者たちの饗宴(2)」立教法務研究 5 号（2012 年）44 頁以下。貝瀬・前掲注 2）79 頁。

第 5 章の注

1) Husa, A New Introduction to Comparative Law (Hart, 2015) 124-125, 135-140. Mattei/Ruskola/Gidi, Schlesinger's Comparative Law (Foundation P., 7th ed., 2009) 42-47. Teem Ruskola, The East Asian legal tradition, in: Bussani/Mattei (eds.), The Cambridge Companion to Comparative Law (Cambridge U. P., 2012) 257.

2　東アジア法伝統

(1)　ルスコラはその叙述を古典的な東アジア法伝統ないし東アジア万民法（ius gentium）に限定する。

ルスコラによれば、「東アジア法伝統」とは、古典中国法伝統の影響を相当程度受けたユーラシア大陸の東端に位置する法伝統を言い、中国、日本、韓国、ヴェトナムを含む。この地域は何よりもまず文化的・社会的一体をなしているが、中国の文化的・社会的影響は時間空間の双方において一様ではなく、断続的であって、今日では西欧の文化的・政治的ヘゲモニーと大幅に交代しているという歴史的事実にかんがみ、検討の対象を東アジア法の古典的側面（歴史的共通性）に絞ったのである。さらに、比較法研究で用いられる法の観念は西欧起源で、西欧の東アジア研究には、この地域を法の相対的欠如とネガティヴに結びつける長い伝統があることから、「真の」法をヴェーバー的な用法で形式合理的なルールの体系とみなす傾向を避けるために、単に「法」というよりも広がりのある「法伝統」という表現を用いている。

ルスコラは、古典的な「東アジア法伝統」を、東アジアにおける広汎な「儒教的コモンウェルス」を生み出した・広く共有されている政治的イマジネーションの構造体として分析するのである[2]。

(2)　ルスコラは、古典的中国法の伝統は「儒教的（Confucian）」で、その内容を①家族ヒエラルヒーの強調、②コミュニティ、③権威の尊重、④調停（mediation）、⑤厳罰とするのが一般的であるが、これらを中国伝統全体の特色とするのは行き過ぎで皮相である、とする（前掲⑤の特色は、儒教と対抗する政治的伝統である法家思想に遡りうる）。秦の始皇帝は厳格な法家モデルを採用し、続く諸王朝は統治を正当化するために儒教思想を採用したものの、儒教イデオローグは、卓越した徳による統治では不十分であると考えて、社会統制の手段としての法を利用した（法の儒教化ないし儒教の法化）。

西欧法主体の特質は自立した個人であるが、儒教の政治観・宇宙観は他者との結びつき・血縁関係を重視し、これが政治的・社会的・経済的関係の好ましいモデルを提供すると説く。例えば、伝統的な中国の経済企業体は、社

---

[2]　Ruskola, Id, 257, 259, 261-262. 貝瀬「比較法学者たちの饗宴(4)」立教法務研究 10 号（2017 年）80-81 頁。

会的・法的に家族の外観に倣って組織を編成することを好む。唐代に国家の正統的学説として公認されて以来、儒教は強権国家の支柱となり、中央集権国家の官吏は儒教の古典に基づく全国的な登用試験を通じて採用され、宋代以降は、朱子による古典の新儒教的解釈（Neo-Confucian interpretations）が試験の政治的正統派学説となった。

　政治的空間についての中国の古典的な概念は——近代国民国家の排他的領土裁判権とは異なり——西欧の研究者が中華思想（Sinocentrism）と呼ぶ長い儒教的伝統である。「正統的な儒教的パースペクティヴからすれば、古代中国国家はそれ自体が文明を反映しており、その力は同心円をなして最も強力な帝国の中心から次第に帝国の文化的政治力が薄れる『洗練されていない』周辺へと放射される。……実際は、新たな金王朝の歴史が示しているように、儒教の正統派全てにとって、帝国はイデオロギー的および法的多元主義を容れることができたのである。……要するに、単一で密着した東アジア地域という観念が不正確であるように、中国を単一の法伝統に還元することも等しく誤解を招く。伝統的に中国は一枚岩的で静態的な組織体として描かれているが、帝国は政治的空間と時間の概念が多元的に競合しており、儒教化された法はイデオロギー的に優先されているものの、それらの概念のうちの一つの明確な現れにすぎない[3]」。

　(3)　さらにルスコラは、「脱地域化する中国」と題して次のように指摘する。

　(a)　古典的東アジア文明は、大陸空間における文化的群島ないし文化的ネットワークと解するのが正確であり、文化的東アジアにおいて古典中国文明は支配的存在であった。

　(b)　中国文明に敬意を表するために使節を派遣した韓国・ヴェトナム・日本にとって、中国との接触は文化的に極めて重要な意義を持ち、中国伝統は前記三国に①中央集権国家のモデル、②漢字、③漢字で表記される政治的ヴォキャブラリーを提供した（ヴェトナムは、フランスによる植民地支配の結果、漢字からアルファベットに転換した）。

---

3)　Id. 262-266. 貝瀬・前掲注2) 81-82頁。

(c) 東アジア文明の政治認識において中国の key terms が持つ意義を過小評価することはできず、とりわけ、帝国の卓越性を文明の至高性にもとめる中華思想、漢字と中国の諸制度を生んだ世界観そのものが近隣諸国によって採用され、多様な方法・程度・スピードで固有化された (indigenized)。ヴェトナム、日本の儒教エリートは、自らが中国文明の真の継承者であると主張した。[4]

3　東アジア万民法

(1)　以上の古典的中国法伝統のスケッチに続き、ルスコラは、「東アジア万民法 (ius gentium) の諸要素」として、東アジア古典文明を構成する韓国・日本・ヴェトナムの法伝統の基本的特色を概観する。これらの伝統は、「トランスナショナルな東アジア法秩序」ないし「儒教的万民法」と考えるのが有益であり、古代中国の古典的著作がトランスナショナルなテクスト的共同体を構成する。

(2)　例えば、日本の古典的法制度は次のように論じられる。「東アジア万民法内部での日本の地位は、韓国の場合よりも曖昧である。しかしながら、7・8世紀に初めて統一国家が確立されたときには、日本も中国官僚国家の主要な形式的特色を自覚的にコピーしていたのである」。「形式的には、この中国唐王朝の集中的模倣は永続的遺産を残した。実質的には、この影響は誇張されるべきではない。例えば、千葉正士は、結果として生じた法秩序は、『固有化された (indigenized) 中国法』ではなく、移植された中国法に基づくが日本文化によってほとんど完全に修正された一種の固有法である、と解するのが最も適切であると主張している。……儒教的官僚制は、決して貴族的エリートにとって代わることはなく、時がたつにつれて、儒教倫理は侍のエートスに道を譲った」。

「それにもかかわらず、江戸時代においてさえ、新たな儒教 (Neo-Confucianism) は支配的な政治哲学であった。それどころか、実質的な借用ではないが、中国の法的方法論 (legal methods) を採用することによる、中

---

4)　Id, 266-267. 貝瀬・前掲注 2) 82頁。

国法の新たな『ミニ継受』すらなされた。すなわち、多くの大名が、その所領のローカルな慣習を編纂する場合に、新たに翻訳された中国の法学文献とその法学的方法に依拠したのである。逆説的ではあるが、中央集権化された日本が、集権的な中国の官僚国家にほとんど似ていないという事実は、欠陥ではなく美点であった。そのことは、『真の』古典的理念、すなわち、中国が帝国による統一の前に維持していた封建的な多元的国家秩序に対して日本がより忠実であったことを示すにすぎない[5]」。

4　東アジア法伝統の終焉

　ルスコラは、東アジア法伝統の終焉について次のように述べ、叙述を締めくくる。

　「明らかに、伝統的法秩序の多くの局面は、東アジアにおいて依然として社会的に重要な役割を果たしているが、それでもフォーマルな法の外部で生き残る傾向がある。同時に、さまざまな社会的コンテクストで生き続けてはいるけれども、儒教的伝統はもはや卓越した政治的正当性を有しない。疑いもなく、生活の多くの領域で儒教的価値は大いに人気がある（家族と教育の領域で特に顕著である）。しかしながら、国家の政治組織に関する限り、グローバリゼーションの進んだ現代においては、文化的および精神的ヘゲモニーは、明らかに西洋法伝統とそれが表している——高い徳の人物による支配という儒教的理念とコントラストをなす——法の支配という理念に移行した。古典的アジア法伝統がイデオロギー的至高性を失ったとして、それにかわる新たな東アジア伝統は出現したのか？　そう論ずることも可能である。国家主導で発展した資本主義が東アジア法世界の決定的特色である、との仮説がある。また、その法文化が『非法的（non-legalistic）』で『訴訟嫌い（non-litigious）』である『東アジア法域』を仮定する者もある。これらの仮説は擁護可能ではあるが、説得力に乏しい。国家主導の発展が優先されているのは確かに現実ではあるが、この優先性は東アジア独自のものではなく、実際に、新たに産業化された諸国の多くでグローバルに共有されている。そして、東

5）　Id, 268, 271-272. 貝瀬・前掲注2) 83頁。

アジア法を『非法的』性質で特色づけようとする説についていえば、これは不当にネガティヴな定義であって、分断されないアジア的集団の無法性（lawlessness）に対するオリエンタリストの批判をあまりに容易に想起させるのである」。

「東アジアを政治的に征服した西洋法伝統に伴って、極めて多様な経済的および政治的システムが確立したため、今日の東アジアにはシヴィル・ロー、社会主義法、コモン・ローに基づく法秩序が存在する。古典的東アジア伝統は一元的というには程遠かったが、現代の政治的・イデオロギー的断片化はいっそう進んでおり、共通点はいっそう減少しているようである。西洋法伝統が東アジア世界に到達したことの究極的な意義は、かつて古典的東アジア法伝統が行ったのと同様に、政治と、統治の言語と、ヴォキャブラリーの主要な源泉となった、というところにある[6]」。

5　五十嵐清の東アジア法族論

(1)　ルスコラは古典的東アジア法伝統を中心に論じているが、五十嵐清は、歴史的伝統の共有・民法典の重要性といった法制度的側面、および地理的近接性・儒教文化圏・漢字文化圏といった法文化的側面から見れば、現在も法文化上の独自性を有する「東アジア法系（法族）」が成立しうる、と主張する（ヴェトナムは東南アジアに属するけれども、1995年民法典が日本法の影響を受け、また日本の法整備支援の主要対象国となっていることから、「将来的には東アジア法系の一員として位置づけられる可能性は十分に存する」という）。

五十嵐は、「東アジア法系」は、法制度に関してはヨーロッパ大陸法と共通の要素を持つとしつつ（「とくにドイツ法群の一環と位置づけるべきではないか、という疑問を否定することができない」）、法文化の独自性の点で「全体として一つの法系と捉えることができる」、と評価するのである[7]。

(2)　しかしながら、すでに法族論・法伝統論で検討したように、「東アジア法系」を構想できるほどの独自性を肯定できるかどうかは疑問である。日

---

6) Id, 276. 貝瀬・前掲注2) 84-85頁。
7) 五十嵐清『比較法ハンドブック〔第2版〕』（勁草書房、2015年）250頁、253頁以下、258頁、262頁。貝瀬・前掲注2) 85頁。

本法にしても、「変容した西洋法族ないし混合法システムの一つ」と評価すべきで、ルスコラが言うように「共通点はいっそう減少している」であろう[8]。

6　法的オリエンタリズム論

(1)　ルスコラはその著書『法的オリエンタリズム』（2013年）の総論部分で次のように述べている。

「中国は、東洋における人権の主たる侵害者としての役割を占めるようになっている……のに対し、アメリカ合衆国はいたるところで法の支配を推進するプログラムを運用しつつ、世界の指導的な法の輸出者であるとともに、世界の法の主たる実現者（law enforcer）として登場している。本書は、中国とアメリカと法的近代との間の複雑で不安定な関係は、極めてグローバルな重要性を有する、という前提から出発する。この関係を描き出すために、個人をパラダイム的に存在する政治的法的主体と考え、法を通じて普遍的価値を実現するための特権的手段として国家を考えるような近代的世界観における、根本的要素として、本書は法を分析するのである。行動を規律する単なる一連の規則にとどまらない、このより広い意味での法は、政治的イマジネーションの構造体である。その最も重要なイメージされた他者（imagined Others）とは東洋であり、法的オリエンタリズムとは東洋をイメージする言説（discourse）なのである」[9]。

(2)　ルスコラによれば、法の世界における中国の位置を真に理解するためには、中国が「法の支配」のアンチテーゼとみなされ、アメリカが現代における「法の支配」の最も熱心な主唱者である以上、近代を法的に創造するにあたりアメリカが果たした役割を考察する必要がある。

法のグローバルな研究はサイードの挑戦を避けることはできないのであり、ルスコラの著書『法的オリエンタリズム』は、アメリカの法秩序により典型とされた法的観点からとらえた中国のグローバル・ヒストリーなのである。

---

8)　貝瀬・前掲注2) 85頁。貝瀬「比較法学者たちの饗宴(3)」立教法務研究8号（2015年）251-252頁。
9)　T. Ruskola, Legal Orientalism : China, The United States and Modern Law (Harvard U. P., 2013) 2. 同書の書評として、特に、Tan, Book Review, 128 Harv. L. Rev. 1677 (2015) が詳細である。

清帝国内に——1906年の米国立法により——創設された合衆国裁判所が、中国における法の欠如を根拠に裁判権の行使を正当化していたことから、ルスコラは、中国法がアメリカにおいてどのように表現されていたかの研究を進める必要があり、その研究は中国における法と正義についてのグローバルな議論に結びつく、と考えたのである。すなわち、中国法の概念は自己充足的な世界ではなく、グローバルな循環と効果を伴うものなのである。[10]

(3) 中国に欠けているとされる「法の支配」は、民主主義文化の根本的要素であり、それは「人の支配」(rule-of-men) を意味しないとする点でほぼ一致している。歴史的に中国では「人治」——卓越した徳による統治——という道徳的なユートピアを前提としているため、そのような政治秩序の中の法は、真の普遍的な法とはみなされない。

しかしながら、「法の支配」対「人の支配」という道徳主義的区分は、歴史的にニュートラルではなく、普遍的価値を実現できる能力によって文化と国家を序列化するものである。このような区分は、人類の本質的同時代性 (essential coevalness) を否定する。リーガル・リアリズムの抬頭以来、自国における「法の支配」の矛盾と欠陥——「法の支配」は「裁判官による支配」となるリスクを伴うということ——は理解できるのに対し、他国の伝統を評価する場合には、アメリカの研究者は遥かに非妥協的である。このようにルスコラは論ずるのである。[11]

(4) ルスコラの『法的オリエンタリズム』は、中国研究・アメリカ研究・法学研究のすべてに貢献することを目指しており（法的オリエンタリズムの本質からして学際志向がある）、トランスナショナルなアプローチを採用することによって、法のオーソドックスな儒教的表現を中心とする既存の中国法研究を補完する。

中国法の比較研究は、中国それ自体を法的主体として考察して——いつ、なぜ、どのようにして中国が国際社会の安全なメンバーとして承認されたかを考察して——初めて完結するという（国際法的パースペクティヴの必要性）。「反オリエンタリズムという単純な道義 (morality)——『汝はオリエント化

---

10) Id, 4-5, 6-8, 11. 貝瀬・前掲注2) 86-87頁。
11) Id, 14-16. 貝瀬・前掲注2) 87頁。

すべからず』——は、実質的にあらゆる比較研究を終わりにする。比較はわれわれが他者と出会い、その者との関係を築くための唯一の方法である。しかし、たとえ道義が比較研究において何の地位を占めなくとも、倫理（ethics）はそうではない。道義とは、既存の道義的主体を前提として、その者による適正な行為のためのガイドラインを精密化する規範システムをいう。これに対し、倫理とは、既存の主体が何ができ、何をしてはならないかではなく、むしろその主体の形成（formation）に関する規範システムのことである。……この意味での倫理は、主体が出現する諸条件を規律する。したがって比較研究に必要なのは、反オリエンタリズムという不可能な道義よりも、オリエンタリズムの倫理なのである」。

ルスコラはこのような倫理的比較法（ethical comparative law）を提唱し、たとえ、法の純粋性に対する信頼の幾ばくかを失うリスクを負うとしても、法の可能性・潜在能力（law's potential）とその欠点を、より誠実に評価することが望ましいとするのである[12]。

（5）倫理的比較法の指針はルスコラの著書の中に散在しており、正確な等価物を要求せずに機能主義的アプローチを用いること、全ての法と法システムが同じ発展経路をたどると考えないこと、国内法の矛盾（contradictions）が他国に単純に投影されないように、比較対象間の類似性により注意を向けること、他者を称賛することによってオリエンタリズムを回避できたと誤解しないこと（他者を「高貴な野蛮人の法的等価物」とする積極的オリエンタリズム）、歴史が（比較を通じて）知のフィールドをいかに形成するかを意識する必要があること、伝統的な叙述と概念は暫定的なものにすぎないから、比較研究によって改訂し続けなければならないこと（他者は自己によって形成され、その逆も同様であるから、こうした叙述や概念は所与のもの〔pre-constituted〕ではない）などの内容が指摘されている[13]。

---

12) Id, 54, 233; Tan, supra note 9, 1704.
13) Tan, Id, 1703-1704.

7 まとめ

　本書は、方法論的多元主義を前提に機能的比較法から出発し、ただし比較法研究には比較の目的と段階に応じた共通のフレームワークが存在することを指摘した。さらに、比較法の実務的目的として、立法・解釈の指針となることが重視されているから、法多元主義のみを前提とするのは狭きに失すると説いて、国家法中心的比較法・トランスナショナル比較法・法多元主義的グローバル比較法の役割分担を提唱した（三つの比較法）。法多元主義的グローバル比較法としては、比較法と宗教法、比較法と（アフリカ）慣習法、東アジア法伝統と法的オリエンタリズム（倫理的比較法）の各項目について、簡略な叙述をこころみた（試論の域を出ない）。しかしながら、ジームスが批判した「言説としての法」のアプローチ——例えば、フランケンベルクの「批判的比較法」やルグランの「ネガティヴ比較法」——や「比較法と経済学」のアプローチには立ち入ることができなかった。近時進展が著しい比較憲法学とともに今後研究を進めてゆきたい。[14]

---

14) 貝瀬・前掲注 2) 91 頁・注 (166) (167)。

第4部　世界における比較法学の発展

第1章　序言

1　構想

これまでの叙述は比較法学の現状を解説したものであったが、最後に世界における比較法学の発展史を『オックスフォード比較法ハンドブック』(2006年) の第1部に収められた諸論稿によりながら簡潔にたどり、さらに日本比較法学史の一齣として、わが国を代表する比較法学者である杉山直治郎 (1878-1966年) の業績を評価してみたい。

2　ナポレオン法典前の比較法

前掲『ハンドブック』の序論は「ナポレオン法典前の比較法」を検討し、担当したアメリカの法制史家チャールズ・ドナヒューは、比較法学の基礎は19世紀ヨーロッパにおける大法典の編纂により設定された、とする現代比較法学の通念に対し、法史学者として以下のように疑問を提示している。[1]

フランスの慣習法を同質化する必要から、ギイ・コキーユ (Guy Coquille, 1523-1603) のような法学者たち (ユマニスト) がすでに比較方法を広く利用していた。比較法学者の任務がトップレヴェルの理念、法理論、実務の比較

第1章の注
1) C. Donahue, Comparative Law before the Code Napoleon, in : Reimann/Zimmermann (eds.), The Oxford Handbook of Comparative Law (Oxford U. P., 2006) 1, 3-4, 16, 20, 22, 26, 31. 貝瀬「比較法学者たちの饗宴(1)」立教法務研究3号 (2010年) 5-6頁。

にあるとすれば、16世紀のフランスの法学者たちは現代比較法学の先駆である。ボローニャで法学教育を受けたコキーユは、多様な慣習を比較したうえで「真のルール」を探求しており、「法の超国家的実体」の存在を確信していた。

　これら16世紀のユマニストから、1900年の第1回比較法国際会議で提示された学問分野としての比較法の確立者らに至るまで、比較方法の軌跡をかなり明確にたどることができる（例えば、自然法学派のプーフェンドルフ、啓蒙思想家モンテスキュー、ポチエのアプローチ）。ただし、フランスのユマニスト、続く自然法学派、モンテスキューのいずれも、各法制度の基礎をなす「知的・精神的コンテクスト」(intellectual contexts) の多様性に対する理解を欠いていた。

3　編別

　続く前掲『ハンドブック』の第1部「世界における比較法の発展」は、フランス、ドイツ、イタリア、イギリス、アメリカの国別レポートと、中東欧、東アジア、ラテン・アメリカを対象とするリージョナル・レポートから構成される。

第2章　フランスにおける比較法の発展

1　比較法の興隆

　フランス比較法学史を担当しているのは、パリ第二大学教授フォヴァルク＝コソンである。比較法は普遍科学であるが、各国固有の特色もあり、フランス法思想の発展と密接に結びついたフランス比較法特有のスタイルがあるという。比較法が長く確固たる伝統を有するフランスでは、20世紀において比較法の興隆、衰退、ルネッサンスが見られた。まず、フランスにおける比較法の興隆では、近代比較法学の父モンテスキューに言及し、次いで以下のように指摘する。[1]

1804年のフランス民法典の起草者たち（ポルタリスら）は、モンテスキューから多大な影響を受け、比較法を広汎に活用していた。フランス民法典は理性的な普遍法を表す、とする注釈学派の実証的でリーガリスティックなアプローチにもかかわらず、コレージュ・ド・フランスでの比較立法講座の創設、パリ大学における比較刑法講座の創設、比較立法協会（Société de législation comparée）の創立などの比較法学の発展が19世紀に見られた。

2　ベル・エポック

続く比較法学のベル・エポックの時代の叙述では、次の事項が取り上げられる。[2]

1900年パリ会議では、普遍法・統一法を志向する独立科学としての比較法の概念が提唱された。比較法の歴史的意義を説くとともに1900年パリ会議の一般報告書を執筆したサレイユの功績と、ジェニーの「科学的自由探求」に代わる新しい科学としての比較法を構想したランベールの功績の重要性が指摘される。これらの比較法理論が法学者を魅了し、比較法の目的は「立法共通法」の探究に不可欠であると考えられるに至った。

両大戦間にフランスの法学者の間でコモン・ローへの関心が増大し、同時期に設立された各種の比較法研究組織にフランスの研究者が参画した（例えば、国連による1926年のUNIDROIT開設、レヴィ・ユルマンによる1932年のパリ大学比較法研究所の設置、パリ大学教授アンドレ・ワイスを初代会長とする1924年の比較法国際アカデミー創立）。

第二次大戦後は、比較の対象となる法域が拡大し、比較方法として機能的アプローチが用いられ、類似性よりも差異の探求に重点を置く「多元的パースペクティヴ」にフランスの比較法学者の関心が移行した。第二次大戦後にはフランスの比較法学者の多大なエネルギーが法族論に注がれ、イデオロギーと法技術を分類基準とするルネ・ダヴィッドの『世界の主要法体系』

第2章の注
1) B. Fauvarque-Cosson, Development of Comparative Law in France, in : Reimann/Zimmermann (eds.), The Oxford Handbook of Comparative Law (Oxford U. P., 2006) 35-36, 40-42. 貝瀬「比較法学者たちの饗宴(1)」立教法務研究3号（2010年）6-7頁。
2) Id, 42-47. 貝瀬・前掲注1) 7頁。

（1964 年）が現代においてもなおフランスの指導的テキストブックである。

3　比較法学の衰退

このように豊かな比較法の伝統があったにもかかわらず、20 世紀後半の数十年間はフランスにおける比較法学の衰退が見られた。その理由としては、フランスの大学における比較法のマージナルな地位、両大戦後に比較法学者が普遍主義への信頼を失い、アイデンティティ・クライシスを経験したこと、ジャン・カルボニエのような指導的私法学者が比較法学は古典的補助科学にすぎないと評価していたことが挙げられる[3]。

ヨーロッパ法の発展がフランス比較法学にインパクトを与えており、ヨーロッパの共通法を発展させるための基盤を提供する比較法学のルネッサンスが、フランスにおいて期待できる。すなわち、「ヨーロッパ比較法学者」という新たなアイデンティティを獲得して、ヨーロッパの「ソフト・ロー」に焦点を合わせた「共通ヨーロッパ法学」を構築する課題を担うのである。フランス比較法学の新たな課題としては、国際的アプローチの必要性（超国家的素材の分析）、比較の実践的利用がより広く認められるべきこと（フランス比較法学は、比較法の認識機能をこれまで重視してきた）、比較の目的と方法についての——法システム間の差異に注目した——多元的かつプラグマティックな考察の必要性（従来、フランスの比較法学者は方法論的関心に乏しかった）がある[4]。

4　新たなルネッサンス

以上のフランス比較法学史は、フランス比較法学の発展を内国法思想との関連でとらえるとともに（特にカルボニエの比較法観）、共通ヨーロッパ法学の発展が比較法の新たなルネッサンスをもたらすであろうと示唆している。

この論稿発表の翌年に、フォヴァルク＝コソンは『比較法の興隆——ヨーロッパにおける法学教育への挑戦』と題する講演を発表する。そこではこう述べられている。生活と法の国際化・ヨーロッパ化によって比較法の国際

---

3)　Id, 48-49, 54-55. 貝瀬・前掲注 1) 8 頁。
4)　Id, 55-65. 貝瀬・前掲注 1) 8 頁。

次元が認識され、各国法の「水平的比較」のみならず、内国ルールと国際的・ヨーロッパ的法源との比較（ないし同一の法分野に適用される超国家的ルール相互の比較）すなわち「垂直的比較」にも比較方法が活用され、比較法は法学における中核的地位を獲得した。比較法がカリキュラムの中心を占めるには極めて革新的でなければならず、比較法に基づいた真のヨーロッパ法学教育のための手段（教材）が必要なのである。[5]

第3章　ドイツにおける比較法の発展

1　叙述のプラン

『オックスフォード比較法ハンドブック』においてドイツ比較法学史を担当しているのは比較家族法の業績で知られるバーゼル大学のインゲボルグ・シュヴェンツァー教授である。シュヴェツァーは、政治史のフレームワークを採用し、「長い19世紀」（1789-1918年）、黄金時代（1919-33年）、分裂と呵責の時代（1933-50年）、復興の時代（1950-89年）、法のハーモナイゼーションと比較法への新たなアプローチ（1989年の冷戦終結後）の順で検討を進める。

まず第一の「長い19世紀」においては、①プロイセン一般ラント法・ナポレオン法典などに代表される1800年前後の大法典化により、立法のための比較法が必要になった、②19世紀半ばまでは、サヴィニーら歴史法学派の圧倒的影響のもとで比較法学は不振であったが、19世紀後半には、進化論的パラダイムに基づくコーラーらの比較法学（法民俗学）、さらには、一般ドイツ商法典（1861年）・ドイツ破産法典（1881年）・ドイツ民事訴訟法典（1880年）・ドイツ民法典（1900年）の基礎となった立法学的比較法が発展した、③初期の比較法研究の制度化がみられた（大学レヴェルでの比較法研究所の創立）、と解説する。[1]

---

[5] Fauvarque-Cosson, The Rise of Comparative Law : a Challenge for Legal Education in Europe (Europa Law Pub., 2007) 3-5, 7. 貝瀬・前掲注1) 28-29頁。

2　エルンスト・ラーベル

　続くドイツ比較法学の黄金時代では、ドイツ比較法学の真の豊饒化をもたらしたエルンスト・ラーベルの功績を概観する。すなわち、①英米法およびフランス法のターミノロジーに基づく1919年ヴェルサイユ条約の比較法研究、②現代比較法学を基礎づけ、機能的比較方法を宣明した1924年の講演「比較法の課題と必要」、③ 1926年の独立の比較法研究所──カイザー・ヴィルヘルム外国私法および国際私法研究所──の創立、④ 1927年のラーベル比較法雑誌の創刊、⑤ 1929年以来の機能的比較法に基づく商品売買法統一プロジェクトが、その主要業績である[2]。

3　ナチズムの時代

　「分裂と呵責の時代」(1933-50年)では、ナチズムの暗黒時代を主な対象とする。すなわち、①ラーベル、(その高弟)ラインシュタインらの代表的比較法学者が、「カイザー・ヴィルヘルム外国私法および国際私法研究所」を離れ亡命した。②ラーベルの後任所長がナチス政権に協力したため、研究所と比較法雑誌のナチス化が進み、1937年の第2回比較法会議においても、ドイツ代表がナチス契約法理論を発表し、比較法における指導的地位をドイツは失うに至った。③ドイツ比較法学は、戦後の荒廃からいち早く立ち直り、1949年には「カイザー・ヴィルヘルム外国私法および国際私法研究所」が形式上解体され、「マックス・プランク外国私法および国際私法研究所」として再生した[3]。

4　比較法の復興

　「復興の時代」(1950-89年)は、次のような事項が注目に値する。
　1940年代から国際的レヴェルでの比較法の復興がはじまる。1949年には

第3章の注

1) I. Schwenzer, Development of Comparative Law in Germany, Switzerland and Austria, in : Reimann/Zimmermann (eds.), The Oxford Handbook of Comparative Law (Oxford U. P., 2006) 70-71, 73-75. 貝瀬「比較法学者たちの饗宴(1)」立教法務研究3号 (2010年) 8-9頁。
2) Id, 77-81. 貝瀬・前掲注1) 9頁。ハネス・ロェスラー (西谷祐子＝岩本学訳)「エルンスト・ラーベルとウィーン売買法条約」民商138巻3号261頁 (2008年) 参照。
3) Id, 83, 85, 87. 貝瀬・前掲注1) 9-10頁。

ユネスコが比較法の国際組織を設立するための委員会をパリで招集し、ラーベルを含む指導的比較法学者をそのメンバーとした。1950年には、その国内委員会として比較法学会（Gesellschaft für Rechtsvergleichung）が設立され、同年のロンドンでの第3回比較法国際会議にドイツ代表が出席した。「マックス・プランク外国私法および国際私法研究所」などの独立ないし大学付属の研究所が復活した。

比較法研究は機能的方法によるべきであるとするコンセンサスが、1950年代には一般化していた（ツヴァイゲルトの有名な講演「普遍的解釈方法としての比較法」（1949年／1950年）がその代表である）。1950年代から60年代にかけて、機能的方法は社会学の影響を受けて豊かになった。特にヨゼフ・エッサーの労作により、アメリカのリーガル・リアリズムと社会学的法学が紹介された。法族論はフランスほど発展していなかったが、1961年にツヴァイゲルトが「様式理論」を発表した。ただし、「様式」を決定するファクターの恣意性に対する批判もある。研究対象は東欧法（Ostrecht）に拡大し、1957年のEECの成立に伴い、フランス法研究が重視されるようになる。

戦後ドイツ比較法学の代表的成果としては、ツヴァイゲルトおよびドローブニヒによる『比較法国際エンサイクロペディア』（1972年以降）、ツヴァイゲルト／ケッツの『比較法概論』（1969年）、コンスタンティネスコの『比較法』全3巻（1971-83年）、フェリートの『フランス民法』全2巻（1971年）が挙げられ、各論分野では、売買法・不法行為法・不当利得法におけるケメラーの比較法研究、ミュラー・フライエンフェルスの――日本法や中国・ロシアの革命立法にも及ぶ――比較家族法研究がある。ウィーン統一売買法の準備作業や解説に対するドイツ比較法学者の寄与も指摘される[4]。

5　法のハーモナイゼーションと比較法

1989年の冷戦終結後は、「法のハーモナイゼーションと比較法の新たなアプローチの時代」である。①1970年代から進行したドイツ債務法改正に対するドイツ比較法学の寄与、②ECディレクティヴの影響の増加と一般契約

---

[4]　Id, 88-89, 90-92. 貝瀬・前掲注1) 10-11頁。

法・債務法総論に対するドイツ比較法学者の取り組み（ケッツ『ヨーロッパ契約法』に代表される古典的比較法学の機能的アプローチとツィンマーマンのユス・コムーネ・アプローチ）、③ヨーロッパ法典の基礎となる諸原則を抽出しようとする1980年代以降の諸プロジェクトが注目されるが、比較法の対象をヨーロッパ私法に限定すると、比較法学の孤立化をまねく。

シュヴェンツァーは、過去一世紀におよぶ比較法の歴史はサクセス・ストーリーと評価できるが、その現状——法学部における比較法学の軽視——は不満であり、比較法の将来は、法学教育のごく初期の段階にこの科目を導入できるかどうかにかかっているとする。[5]

第4章　イタリアにおける比較法の発展

1　継受の法文化

比較商法学者アスカレリらの業績の紹介にとどまっていたわが国にとって、エリザベッタ・グランデ（ピエモンテ東洋大学比較法教授）による通史『イタリアにおける比較法の発展』は貴重な論稿である。

まず最初に「継受の諸相」として、①1861年のイタリア統一以降、外国法を継受・借用する法文化が中心となり、比較法学もこの借用の文化に規定された、②19世紀にはナポレオン法典とその解釈学、20世紀初頭にかけては普遍的性格を特色とするドイツ法学がイタリアのロマニストを中心に導入されたが、1942年イタリア民法典へのドイツ法学の影響は限られたものであった（同民法典は、総則の欠如、民商法の統合などの独自の構造を有する）、③第二次大戦後は英米法およびヨーロッパ法が注目されている、④これらの変革に際して比較法学の果たした役割は小さく、ロマニストと自己規定する私法学者が学問的リーダーシップを握っていた、⑤イタリア比較法学は20世紀後半になってようやく自立した、と述べている。[1]

---

5)　Id, 93-96, 99-103, 104-105. 貝瀬・前掲注1) 11頁。

2　現代比較法学史

次に「現代比較法学の発生と展開」である[2]。

ファシズムの時代（1922-43年）には、コモン・ローが軽視されたが、アスカレリら少数の商法学者が比較法研究を続けた。フィレンツェにおける反ファシズム・レジスタンスの中心であったピエロ・カラマンドレーイが、コモン・ローのアドヴァーサリ手続にいち早く関心を示し、マウロ・カペッレティがこれを受け継ぎ、イタリア比較法学の「改革的伝統」（reformist tradition）が形成された。

イタリア現代比較法学の父であるローマ大学教授ゴルーラ（Gino Gorla）は、1948年と1949年にコーネルを中心にアメリカのロー・スクールを訪れ、1950年代にはルドルフ・シュレジンジャーの「共通の核心」（common core）プロジェクトに参加するとともに、ケース・メソッドを取り入れた『比較契約法論（Il Contratto）』を刊行して、比較法に巨大なインパクトを与えた。ゴルーラ、ルネ・ダヴィッド、ツヴァイゲルトらの機能主義的構造主義の伝統（西欧比較法学の主流）にもとづき、ロドルフォ・サッコが「法的フォルマント」の理論を提唱し、イタリア比較法学に多大の貢献をした。「法的フォルマント」論とは、適用されるルールは、法典・裁判所・学者などの情報源（sources consulted）に応じて異なった――時には矛盾抵触する――複数の定式（formulations）として表現されることが多く、この諸定式がそのルールの「フォルマント」である、と説く。法を主権者からの命令のヒエラルヒーとしてとらえるケルゼン的パラダイム（法源論）に対する比較法学者の不満に応える理論である。ヨーロッパ統一法秩序を探求するダイナミクスは、多様な「フォルマント」間の競合として理解されるため、イタリア比較法学者はヨーロッパ法の統一に積極的に参加するようになる。

1971年にはイタリア比較法学会が創立され、ロー・スクールの新設により、現在（グランデ論文が発表されたのは2006年である）では比較私法の正教授51

第4章の注

1) E. Grande, Development of Comparative Law in Italy, in : Reimann/Zimmermann (eds.), The Oxford Handbook of Comparative Law (Oxford U. P., 2006) 108-110. 貝瀬「比較法学者たちの饗宴(1)」立教法務研究3号（2010年）11-12頁。
2) Id, 117-120. 貝瀬・前掲注1) 12-13頁。

名、比較公法の正教授 56 名に及ぶが、私法の比較研究が依然として主流である。

3 イタリア比較法学の現況

グランデは、「ピュアリティからプルーラリズムへ」と題して、イタリア比較法学の現況を次のように整理している。

(1) 1979 年イタリア比較法学会において、比較法の法改革およびポリシー創造機能を説く学派（カペレッティ、デンティが中心）と、純粋な知識の追求を目的とする「純粋科学」アプローチの学派（サッコが中心）との間で、方法論をめぐる激しい論争が戦わされ、後者の「純粋科学」学派が勝利を占めた。サッコを大学創立特別委員会の長に迎えた新設のトレント大学では、比較法中心の講義が行われ、1987 年にはサッコのプログラムを 5 か条に定式化した「トレント・テーゼ」（Theses of Trento）が発表されて、イタリア比較法学の動向に重大な影響を及ぼした。[3]

(2) イタリアの比較法学者は、ローマの統一商法研究のエキスパートたち、フィレンツェの法改革主義者、トリノの構造主義的主流に三分されるが、この三つのアプローチは併用されることもあり、そのほかにも多様な非伝統的学派が存在し、トレント・テーゼからは次第に離れていく傾向にある。方法論的多元主義が支持されているものの、特に法移植論への関心が強く、「法的フォルマント」の用語が常用され、法的翻訳・法言語の問題が注目を集めるといった点で共通している。

比較法は法学教育のカリキュラムにおいて中心的地位を占めており、この点でイタリアは他の諸国よりも先んじている。法と経済学、批判的法学研究（critical legal studies）、法人類学などを導入する学際的アプローチが、イタリア比較法学の特色である。書かれざる法現象の法人類学的研究（サッコのmute law 研究）、アフリカ法へのアルケオロジー的研究法の適用（サッコのア

---

3) Id, 117-118, 120-122. 貝瀬・前掲注 1) 13-14 頁。なお、比較法学者によるすぐれたイタリア法入門 Cappelletti/Merryman/Perillo, The Italian Legal System (Stanford U. P., 1965) の第 2 版が刊行された (Livingston/Monateri/Parisi, The Italian Legal System (Stanford U. P., 2nd ed., 2015))。

フリカ法研究）などの学際的研究が、法実証主義の枠内にとどまっていた「法的フォルマント」論の視野を拡大した[4]。

（3）このほか、「現代の課題と将来の行方」として、イタリア比較法学の伝統である私法中心のバイアスが克服される兆しが見られること（比較民事訴訟法・比較憲法の発達、刑事訴訟法に見られるようなイタリア法の「アメリカ化」、ヨーロッパの法統合とグローバリゼーション）、イタリア比較法学が急激な発展をとげた若い学問であるためかポリシー創造（立法）への政策的・現実的影響に乏しいことなどを指摘する。

さらに、「輸入から輸出へ——ヨーロッパおよび他の諸国の比較法に対するイタリアの貢献」として、①「ヨーロッパ私法の共通の核心（common core）」に関するトレント・プロジェクト、② UNIDROIT とアメリカ法律協会（ABA）による「渉外民事訴訟原則」や「国際商事契約に関する UNIDROIT 原則」など、ソフト・ローの国際的法典化がイタリアの比較法学者の主導で行われたこと、③ウゴ・マッテイ（Ugo Mattei）による世界の法システムの分類学や「比較法と経済学」論などが国際的に注目されていることを挙げ、継受の時代からイタリア比較法学独自の成果を提供する時代に移行しつつあると締めくくる[5]。

第5章　大英国（Great Britain）における比較法の発展

1　比較法学の発生

『オックスフォード比較法ハンドブック』において、イングランドを中心とする大英国の比較法の発展を担当するのが、スコットランド・エディンバラ大学法史学教授のジョン・W・ケアンズ（Cairns）である。わが国では、従来はメイトランド、ヴィノグラードフ、ガッタリッジ、ローソンらの著作が集中的に紹介されてきたにとどまり、このケアンズの労作によってイギリ

---

4) Id, 125-127. 貝瀬・前掲注1) 14頁。
5) Id, 128-130. 貝瀬・前掲注1) 14頁。

ス比較法(史)学の全体像を把握することが可能となった。

イギリスにおいて比較法が法学の新たな分野として完全に承認されたのは19世紀末であり、ヴィクトリア朝後期に比較法学が結晶化したのは、普遍的な学問というよりもナショナルな学問としてであって、その初期の発展は大英帝国の要請と密接に結びついていた[1]。

2 大英帝国の発展

「大英帝国の進化と法制」を概観する[2]。

比較文献学の発達により、科学的比較方法が存在するという考えが普及し、次第に時代遅れとなった分析法学に代わるものとして、比較法学が注目を集めるに至った。18世紀以来の大英帝国の発展を背景として、第一次大戦後まで、歴史比較法学と同時代的課題を対象とする実用比較法学とが支配的であった。

征服ないし割譲により取得された大英帝国の植民地では、旧来のシヴィル・ローや土着の固有法が一般に許容され、植民地から枢密院(Privy Council)への上訴が認められていたため、多様な法の知識が必要となった(ローマ法系オランダ法、フランス慣習法・フランス民法典、スペイン法、ヒンドゥー法、イスラーム法など)。フォイエルバッハの普遍法学の理念を採用したメインは、著書『古代法(Ancient Law)』(1861年)で、静態的社会と進歩的社会(ローマとイギリス)とを分類し、比較文献学に倣ってアーリア系ないしインド・ヨーロッパ系の法史の比較研究を行い、法的進歩の法則を明らかにする歴史法学の構築をこころみた。このようにイギリスとローマの比較を重視するメインのアプローチは多大の影響を及ぼし、ジェームズ・ブライス、ヴィノグラードフらに受け継がれた。

大英帝国内での比較立法研究を深化させる目的で、1894年に「比較立法協会(Society for Comparative Legislation)」が設立され、比較歴史法学常任委

第5章の注

[1] J. W. Cairns, Development of Comparative Law in Great Britain, in : Reimann/Zimmermann (eds.), The Oxford Handbook of Comparative Law (Oxford U. P., 2006) 132-133. 貝瀬「比較法学者たちの饗宴(1)」立教法務研究3号(2010年)14-15頁。
[2] Id, 133-141, 143. 貝瀬・前掲注1) 15-16頁。

員会などが置かれた。1917 年には、同協会の Journal も発行されて、後に International and Comparative Law Quarterly に統合された。

3 比較法学のパイオニアたち

次にイギリス比較法学の「現代的基礎」を打ち立てたパイオニアたちは、ガッタリッジ（Gutteridge）を除き、いずれも大英帝国の植民地政策に関与している。

まずガッタリッジ（1930 年からケンブリッジのトリニティ・カレッジのフェローを務めた）は、1946 年に名著『比較法――法学のための比較方法研究序説』を刊行し、比較法は方法にすぎないが、法の統一および国際私法にとって重要である、と説いた。ガッタリッジ以後の最も重要なパイオニアであるウォールトン（E. P. Walton）は、スコットランドおよびケベックでローマ法を講じ、カイロでの学長職を経てオックスフォードに戻った。フランス債権法に関心が深く、『エジプト債権法――特にフランス法とイギリス法を参照する比較研究』（1920 年）の大著がある。パイオニアの一人であるエイモスは、スコットランド、ケベック、エジプトでの経験から、国家と法が密接に結合しているとすることに対して懐疑的であった。エイモスはウォールトンと類似の職歴を有し、両者共著で『フランス法入門』（1935 年）を発表している。ガッタリッジは 1941 年の退職に際し、イギリスの大学には比較法のポストがないと嘆いたが、リーはオックスフォードでローマ法系オランダ法講座を担当しており、『ローマ法系オランダ法入門』（1915 年）、『南アフリカ債務法』（1950 年）を執筆した。

これらのパイオニアたちは、国家法は国民意識の表明であるとする歴史法学派の見解を斥けることにより、現代の法体系間の比較を中心に据え、法の発展における借用関係の重要性を認識し、非西欧法研究を進めたが、国際商取引以外の領域での法の国際的統一には反対であった。1920 年代半ばから、第一次大戦の戦禍によって、大英帝国内の法の統一を緊密化することに対する比較立法協会の関心が薄れてゆき、国連からオスマン帝国崩壊後の中東の委任統治をイギリスが委ねられたことで、イスラーム法への関心が増大した。[3]

4　大英帝国の終焉と学問的・制度的遺産

　大英帝国の終焉により、ヒンドゥー法・イスラーム法その他の固有法研究が比較法の主流から外れ、特に南アフリカ共和国の政治的孤立もあって、大学におけるローマ法系オランダ法の研究教育が終了した。比較法学のパイオニアたちの「学問的遺産」がどのように継承されているかをめぐり、ケアンズは、①1948 年に初代オックスフォード大学比較法教授に就任した F. H. ローソンの著作『シヴィル・ローにおけるネグリジェンス』(1950 年) に代表されるように、ローマ法およびフランス法重視の傾向は、イギリスの比較法学者に一般的に見られる、②グレイヴソンらを除けば法の統一——具体的には UNIDROIT への関与——には積極的でない、③混合法制への関心が持続している、と指摘している。

　さらに「制度的遺産」としては、1946 年にロンドン大学に設置された先端法学研究所 (Institute of Advanced Legal Studies)、1958 年英国国際法・比較法研究所 (British Institute of International and Comparative Law)、1950 年にユネスコが設置した比較法国際委員会の構成員である比較法連合王国国内委員会 (United Kingdom National Committee of Comparative Law) がある。[4]

5　新たな展開

　イギリス比較法学の新たな展開として、ケアンズは、①ドイツ法への関心の増大、②法移植論への関心の再燃、③混合法制への関心の復活、を挙げつつ、「学問的不安定性」として、①イギリス比較法学者の多くが、1920 年代から 30 年代にパイオニアたちが確立した領域内で活動しているにとどまり、シヴィル・ローとコモン・ローの比較が依然として中心を占めている、②比較法学者は裁判官に利用可能な研究を行うべきであるとするマーキジニス (Markesinis) の批判にもかかわらず、比較法学の外縁ははっきりせず、法のあらゆる分野で、雑多な目的・多様な方法で比較研究が進められている、と批判している。過去 150 年にわたる学問的努力によって、比較法的アプローチを採用しない大学の advanced-level のコースは稀となり、判例も比較研

---

3)　Id, 144-146, 151-152, 153ff., 155ff., 158ff., 162-163. 貝瀬・前掲注 1) 16 頁。
4)　Id, 163-169. 貝瀬・前掲注 1) 17-18 頁。

究の成果に依拠するようになっている[5]。

第6章　アメリカにおける比較法の発展

1　はじめに

『オックスフォード比較法ハンドブック』でアメリカにおける比較法の発展を解説するのは、メリマンらとの共著『シヴィル・ロー伝統——ヨーロッパ、ラテン・アメリカ、東アジア』で著名なヴェテラン、デイヴィッド・S・クラーク（David S. Clark）である。クラークは、アメリカにおける比較法の歴史はアメリカ共和政体（the American republic）と同じほど古いとして、初期におけるシヴィル・ローの役割を重視するロスコー・パウンドの見解を紹介する[1]。

クラークは、形成期（Formative Era）における比較法（1776-1865年）、比較法と歴史法学（1865-1904年）、比較法の組織化——最初の努力（1904-1950年）、比較法の確立（1950-2005年）の四段階に分けて叙述を進める。

2　形成期

まず「形成期における比較法」である。ヨーロッパ自然法の重視というルートで法比較が行われ（ジョン・アダムズやトマス・ジェファソン）、独立革命後は、イギリス法の継受を妨げる要因——イギリス法の中世スコラ主義的性格、パイオニア社会の個人主義を強調する社会経済状況、法律家へのピューリタンの不信など——もあったため、主に海事法・商事法の分野でコモン・ローの不備を補う必要から、ローマ法とシヴィル・ローが利用された。

---

5) Id, 170-173.

第6章の注

1) David S. Clark, Development of Comparative Law in the United States, in : Reimann/Zimmermann (eds.), The Oxford Handbook of Comparative Law (Oxford U. P., 2006) 176-180. 貝瀬「比較法学者たちの饗宴(1)」立教法務研究3号（2010年）18-19頁。アメリカ比較法学の現代史については、貝瀬『国際倒産法と比較法』（有斐閣、2003年）367頁以下。

このような比較方法を用いたのが、サミュエル・リヴァモア（Samuel Livermore, 1786-1833 年）、ジョセフ・ストーリ、ジェームズ・ケント、フランシス・リーバー（Francis Lieber, 1800-72 年）である。フィールド法典で名高いデイヴィッド・ダドリー・フィールド（David Dudley Field, 1805-94 年）も、影響力のある比較法研究者であった。[2]

3　ドイツ歴史法学派の影響

「比較法と歴史法学」（1865-1904 年）の時代は次のようにまとめられる。[3]

(1)　南北戦争（1861-65 年）後には、自然法が創造的理論としての地位を失い、ヨーロッパにおける国民国家の成立によって民族精神の探究を主張する歴史法学派が主要な法理論となった。パウンドは、この時期のアメリカ比較法学は「どん底」の状態にあったと評価する。しかし、特定の外国法規ないし法典の効率的採用よりも、ヨーロッパ大陸の大学における法学（サヴィニーを中心とするドイツ歴史法学派）と法学教育とが持つプレスティージに、アメリカ比較法学徒の関心が移ったに過ぎない、とするのが近時の理解である。

(2)　この時期に、ドイツの法学教育をモデルとする改革がハーヴァード・ロー・スクールを中心に行われ、イギリスの「実務修習的アプローチ」は放棄されて、科学としての法学のプレスティージが確立した。これを前提に、最初のアカデミックな比較法学徒たちが出現した。例えば、サヴィニーの強い影響のもとに、フルタイムの研究者として、シヴィル・ロー、ローマ法、比較法を講じたウィリアム・ハモンド（William Hammond）が重要である。ハモンドは、法構造の体系的モデルを提供し、コモン・ローのルールを組織化するために、法学教育の手段として比較法を用いた。

4　比較法の組織化

続いて、アメリカ最初の比較法国際会議である 1904 年セント・ルイス法律家万国会議の開催に始まるアメリカにおける比較法の組織化の努力の軌跡を素描する。[4]

---

2)　Id, 180-186. 貝瀬・前掲注 1) 119 頁。
3)　以上は、Id, 186-190. 貝瀬・前掲注 1) 19-20 頁。

1905年のペンシルヴァニア州弁護士会からの提案を受けて、アメリカ法律家協会（ABA）内部で1907年に比較法事務局が創設され、アメリカにおける最初の比較法ジャーナルを1914年の第一次大戦勃発まで発行した。アメリカ法律家協会比較法事務局が、その支部として、1925年にニュー・ヨークにアメリカ外国法協会を創設した。1930年代には、大恐慌のために比較法事務局も経済的に行き詰まり、1933年にアメリカ法律家協会の国際法・比較法セクションと合体した。1932年および1937年のハーグにおける比較法国際会議には、アメリカから多数の出席者があった。1950年には、アメリカ外国法協会とアメリカ法律家協会の前記セクションが、より科学的な比較法の教育および研究を支持する旨を決議した。

　この時期を代表する比較法学者としてロスコー・パウンドとジョン・ウィグモアを挙げることができる。大恐慌から第二次大戦にかけては、ドイツおよびオーストリアからの大量の法学者の流入に支えられ、膨大な比較法研究がなされている。代表的な傑作として、エルンスト・ラーベルの主著『抵触法』全4巻がある（1945-58年刊）。

5　現代史

　比較法の確立期（1950年以降）すなわち現代史をクラークは以下のように整理する。[5]

　20世紀後半は、アメリカの比較法学者がアメリカ法の輸出に積極的に関与した。軍事的占領、1960年代から70年代にかけての――発展途上国の脱植民地化を支持する――「法と開発」プログラム、1990年代のアメリカ法律家協会の中欧およびユーラシア・インスティテュート・プログラムなどにおいてである。

　ユネスコがスポンサーとなって1949年にパリで比較法国際委員会が設立されたが、その国別委員会をアメリカ外国法協会が1950年に引き受けた。同年には、アメリカ・ロー・スクール協会が比較法委員会を設けた。諸外国の比較法研究所と同等の機能を有する「法の比較研究のためのアメリカ協

---

4)　Id, 190-195, 197-199, 202-204. 貝瀬・前掲注1）（立教法務研究）21頁。
5)　Id, 199-202, 204-211. 貝瀬・前掲注1）21-22頁。

会」が 1951 年に創立され、アメリカ外国法協会とロー・スクールがそのスポンサーとなった。同協会発足前から「アメリカ比較法雑誌」のプランが進行し、主要ロー・スクールをスポンサーとして 1952 年に刊行が開始された。同協会は、1992 年に「アメリカ比較法協会（American Society of Comparative Law）」と改名した。

ロー・スクールにおいては、比較法はコア科目となっておらず、アメリカのロー・スクールの学生はまともに比較法を学ぶ素養を欠いている。1997 年および 1998 年にミシガンとユタで開かれた比較法シンポジウムでも、アメリカ比較法学は方法論的考察・理論的基礎付けを欠き、ドイツからの亡命者によって輸入されたもので、今日のアメリカの状況に適合していない、などのペシミスティックな批判がなされた。しかしながら、『オックスフォード比較法ハンドブック』や『比較法国際エンサイクロペディア』などの、外国のプロジェクトにおけるアメリカ比較法学者の活躍は高く評価できる。

第 7 章　中欧および東欧における比較法の発展

1　はじめに

『オックスフォード比較法ハンドブック』は、「中欧および東欧における比較法の発展」というわが国にとって極めて興味深い論稿を収める（プラハ・カレル大学法学部のキューン〔Z. Kühn〕教授による）。「中欧および東欧」に含まれるのは、ロシア、ドイツとロシアに挟まれた中欧諸国（ポーランド、ハンガリー、チェコ、スロヴァキア）、旧ソ連の西側部分、バルカン半島である。

この地域は、四つの帝国（オスマン、オーストリア＝ハンガリー、ドイツ、ロシア）の崩壊によって近代的国民国家が形成され、多様な法文化が混在することとなったため、さらには後進性の自覚・自国法文化への劣等意識があったため、共産主義の成立前から、実用的目的に基づく比較法が利用されていた。例えば、ロシアの法学教育は、1917 年のロシア十月革命までは一般に比較法に基づいて行われていたし、ハンガリーでは、ドイツ法・オーストリ

ア法などとの比較に基づく立法がなされ、極めて高水準の訴訟法典が起草された。[1]

2 共産主義の時代

(1) 共産主義の期間の比較法では、まずスターリン主義前の状況として、①1917年の十月革命後数年を経て、当時のドイツ法の影響を大幅に受けた新法典が起草され、②1920年代のソヴィエトのマルクス主義法理論は、ソヴィエトにおける法の必然的消滅を説き（例えば、パシュカーニス）、西欧法を批判してプロレタリア法（社会主義法）の特色を明らかにするために、比較方法を頻繁に用いた。

(2) スターリン主義下の比較法の状況として、①社会主義体制下でも法は消滅せず、共産主義に至るまでの暫定的段階において、社会主義国家の秩序維持という重要な使命を法が果たす（ヴィシンスキー）と解され、スターリン学派は、プロレタリア独裁という新しいタイプの国家が創造した――労働者の利益を保護する――新しいタイプの法は、ブルジョワ法とは実質的に異なると位置づけた、②「国家と法の理論」に関するスターリン主義の代表的テキストブックは、比較法はブルジョワ法理論の一方法であるとしており、このような敵対的態度は、1950年代のスターリン主義の消滅まで続いた。しかしながら、1960年代にソヴィエトの代表的法律雑誌に比較法の論文が発表され、ルネ・ダヴィッドの『世界の主要法体系』がロシア語訳されて、ソヴィエト比較法学に多大の影響を与えた。他の共産主義圏諸国でも、程度の違いこそあれ、比較法学が開花した。大陸法の伝統にもとづく民法典を維持したポーランドとハンガリーでは、特に比較法学が活発化した。共産主義圏からの亡命法学者（例えば、クロアチア出身のM.ダマシュカ）も、比較法研究の成果を挙げた。

(3) 社会主義法学者は、社会主義法の特殊性・優越性を強調するが、法文

第7章の注
1) Z. Kühn, Development of Comparative Law in Central and Eastern Europe, in : Reimann/Zimmermann (eds.), The Oxford Handbook of Comparative Law (Oxford U. P., 2006) 217-219. 貝瀬「比較法学者たちの饗宴(1)」立教法務研究3号（2010年）22頁。

化のイデオロギー的相違——法は共産党の利益に奉仕すべきであるということ——を除けば、ソヴィエト法の概念もヨーロッパ大陸法の伝統と異なるものではない。社会主義比較法学は一定の成功をおさめたが、共産主義者独裁という公認の国家イデオロギーによる制約を受けた[2]。

3 共産主義の崩壊

共産主義崩壊後の比較法(「比較民法から比較憲法へ」)について、キューンはこう分析している[3]。

1980年代における共産主義の崩壊によって、中欧・東欧諸国では法の移植と比較法の実践的利用とが活発化したが、外国法は必ずしも適切な比較分析を伴わずに逐語的に導入され、それに続く中欧諸国のEUへの加入によって、EU指令(directives)が内国法秩序および法学に破壊的効果を及ぼした。このように、外国法の移植によって自国法が形成されたにもかかわらず、大学における比較法教育は依然として未発達である(大学の給与が低いため、実務との兼業が常態である)。ただし、ブダペストの中央ヨーロッパ大学は比較憲法学の指導的存在である。新たな憲法文化をできる限り短期間で創造するために、実践的比較法が広汎に活用され(比較法学の関心が、比較私法から比較憲法に次第に移行した)、ハンガリーなどの新しい憲法裁判所のスタッフに、西欧法に通じた比較法学者が起用された。特にドイツ憲法学の影響が顕著である。

4 比較法の将来

中欧・東欧諸国は、立法にあたって外国法を広汎に活用するが、学界における比較法研究は依然として未発達である。ただし、ヨーロッパ統合の進行が比較法研究の重要性を増加させており(2004年5月に、チェコ、ポーランド、ハンガリーなど旧共産圏八ヶ国がEUに加入した)、自国中心の法学教育に対する批判がさらに強まれば、中欧・東欧における強固な比較法研究の伝統が復活するであろう、とキューンは比較法の将来を展望している[4]。

---

2) Id. 219-227. 貝瀬・前掲注1) 22-23頁。
3) Id. 227-234. 貝瀬・前掲注1) 23-24頁。

第8章　ラテン・アメリカにおける比較法の発展

1　はじめに

「ラテン・アメリカにおける比較法の発展」を担当するヤン・クラインハイスターカンプ（ロンドン・スクール・オヴ・エコノミクス〔LSE〕教授）は、従来、ラテン・アメリカ法はナポレオン法典を継受したことによるフランス法の一変種であるとして、「ロマン法族」に組み込まれ、十分なオリジナリティを欠くと評価されて、比較法の主流からは無視されてきたと指摘する[1]。

2　植民地時代

まず植民地時代の状況である[2]。

植民地に浸透したスペイン法は、土着の固有法や慣習が並存することを――スペインの宗教と法に抵触しない限りにおいて――承認していた。スペインの法実務は、大幅にローマ・カノン普通法に依拠しており、法的安定性を欠く内容であった。トルデシラス条約（1493年）によりブラジルを植民地化したポルトガルの法状況も混乱していた。マーキス・デ・ポンバル（Marquis de Pombal）が1769年に公布した「良き理性の法」――自然法の根本原則に基づく「良き理性」のテストを通過しなければ、ローマ法を適用してはならない――により、比較法がポルトガルおよびブラジルの法学で多用されるようになった。

3　法典化と比較法

（1）ナポレオンによるイベリア半島の征服（1807年）によって弱体化した

---

4) Id, 235. 貝瀬・前掲注1) 24頁。

第8章の注

1) J. Kleinheisterkamp, Development of Comparative Law in Latain America, in : Reimann/Zimmermann（eds.）, The Oxford Handbook of Comparative Law（Oxford U. P., 2006）262-263. 貝瀬「比較法学者たちの饗宴(1)」立教法務研究3号（2010年）25頁。
2) Id, 263-267. 貝瀬・前掲注1) 26頁。

スペインからラテン・アメリカ諸国が独立し、憲法典の制定と法典化が進んだ。初期のボリヴィアのサンタ・クルス（Santa Cruz）民法典・商法典（1830年）はナポレオン法典のコピーであったが、比較法——スペイン法とローマ市民法大全が中心であった——にもとづく民法典の最初の成功例としてはペルー民法典（1852年）を挙げることができる。

(2) 新ラテン・アメリカ諸国の法制度は、当初から比較法の影響を受けており、比較法学は高度に実用的な学問であった。比較法を用いた19世紀ラテン・アメリカの最も影響のある法典起草者としては、ユスティニアヌス法典の構造にもとづく1885年チリ民法典を起草したチリ大学学長アンドレース・ベッリョ（A. Bello）、サヴィニーらのドイツ・ロマニストの影響のもとで、ポルトガルの法伝統に忠実なブラジル民法典の起草準備作業を行ったフレイタス（Augusto Teixeira de Freitas）、アルゼンチンのダルマシオ・ヴェレス＝サルスフィエルドを挙げることができる。フレイタスの業績にもとづき1916年ブラジル民法典を起草した比較法学者クローヴィス・ベヴィラクア（Clovis Bevilaqua）（1859-1944年）は、ドイツ・パンデクテン法学に倣うとともに、ブラジルに初めて現代比較法学の概念を導入した。[3]

4 現代史

(1) 「20世紀から現在へ」の同時代史では、まずコモン・ローの影響が増加したとする。例えば、アメリカが対ラテン・アメリカ国際取引を独占し、それに伴いピノチェト政権下でチリ経済が自由化して、チリの会社法・証券取引法にアメリカ法（シカゴ学派）が影響を及ぼした。あるいは、ブラジルにクラス・アクション制度が導入された。

(2) ラテン・アメリカ諸国の法の統一運動をめぐっては、①汎アメリカ主義と、アメリカの影響を排除しようとするイベロ・アメリカ主義との対立がある、②いずれの理念も比較法を法統一の主な手段としており、OAS（Organization of American States）の国際私法特別委員会が、2002年以来、モデル法を用いてラテン・アメリカ法のハーモナイゼーションを限定的ながら

---

3) Id, 271-285. 貝瀬・前掲注1) 26-27頁。

進めている、③アメリカ主導の汎アメリカ主義に対抗する、サブ・リージョナルなプロジェクト（MERCOSUR; the Common Market of the South）により、比較法を用いた国際民事訴訟法の統合が進められている、といった動向を指摘できる。

(3)　ラテン・アメリカでは外国法の権威が高く、立法および学説には高度の比較法上の折衷主義（electicism）がうかがわれ（例えば、1984年ペルー民法典）、アルゼンチンおよびブラジル最高裁の判例法理は比較憲法の実践である。ラテン・アメリカにおいては、立法の多くが外国に淵源を有していることから、比較法が格別の実務的重要性を持つのである。[4]

第9章　日本比較法学史の一齣——杉山直治郎の普遍比較法学

1　総説

(1)　野田良之は、その雄編「日本における比較法の発展と現状」において、明治維新から第二次大戦までの日本比較法学の発展を、模索の時代（1868-1916年）と自覚の時代（1916-1945年）とに二分し、杉山直治郎（1878-1966年）がフランス法講座担当者に就任した1916年を、両時代を分かつ転回点であるとしている。[1]

この自覚の時代を担う代表的比較法学者杉山の精緻かつ雄大な比較法理論の全体像は、今日に至るまで十分に解明されているとは言い難い。杉山の業績は、単なる学説史的存在にとどめるにはあまりにも豊かな可能性を秘めており、再評価が切に望まれる。本章では、筆者の旧稿にもとづき杉山の業績を概観しておきたい。

(2)　杉山直治郎は1878年1月に東京で生まれ、1903年に東京帝国大学法

---

4)　Id, 285-300. 貝瀬・前掲注1) 27頁。

第9章の注
1)　野田良之「日本における比較法の発展と現状(1)」法学協会雑誌89巻10号（1972年）6頁以下、44頁。

科大学を卒業し、1905 年から 1908 年までフランス、スイス、ドイツ、アメリカに留学、1914 年には東京帝国大学法科大学講師に就任、1916 年に同教授に昇進した。1900 年にパリで開催された比較法国際会議の記録と、同書に含まれたサレイユの画期的な論稿「比較法学の概念および対象」とが、杉山の留学と時を同じくして公表され、杉山の比較法観に多大な影響を与えた[2]。

2 （人類連帯的）平和の比較法学

(1) 比較法原論の代表的教科書の中で、大木雅夫は次のように指摘する。「比較法は、究極的には普遍的な法学の樹立を期待しうることとなる。……ようやく法学においても一般憲法学や一般刑法学の提唱が現れ、あるいは……少なくともヨーロッパに『普通ヨーロッパ民法教科書』を編纂しようと提案する者も現れているのである。これに応じて比較法は、次第に法学教育に取り入れられる傾向をみせている。国際的相互理解こそ比較法の願いであり、古くはオランダでグローティウスが、新しくはわが国で杉山直治郎が説いたように、国際平和こそ比較法の究極的な願望だからである[3]」。

(2) 大木の論述の末尾に表れているとおり、「（人類連帯的）平和の比較法学」ないし「比較人類連帯法学」の構想を樹立したことが、杉山比較法学説の不朽の功績の第一である。杉山のいう「平和の比較法学」は、人類連帯原理を基礎とし、「二つの世界」——自由ないし連帯民主主義圏（西欧）と、社会主義的ないし共産主義的民主主義圏（ソヴィエト）——の法体系を超えた、新自然法・人類連帯法たる「法の一般原則」を比較法によって探求し、二つの世界の法体系の段階的高次綜合をめざす学問である。この「平和の比較法学」は、世界平和を目的とし人類連帯に立脚する国連およびユネスコの思想と共通した内容を持つ。

このように、人類連帯的国連法体系と「普遍的法一般原則」とからなる「人類普遍法」を構想する杉山の壮大な比較法理論は、第二次世界大戦後の

---

[2] 以上は、貝瀬『普遍比較法学の復権』（信山社、2008 年）143 頁以下に収めた論稿「普遍比較法学の復権——杉山直治郎の比較法学」による（同論文の初出は、立教法務研究 1 号（2008 年）30 頁である）。
[3] 大木雅夫『比較法講義』（東京大学出版会、1992 年）77 頁。

「二つの世界」の対立と、第三次世界大戦の危機を解消するという実践的な問題意識とに裏打ちされてはいるが、杉山が戦前に発表していた名作「比較法の綜合的体系」にいう比較法の「世界法形成機能」をより発展させたものである。[4]

3　比較法の方法

(1)　杉山の第二の功績として、1918 年および 1919 年という極めて早い段階で比較法の目的と機能を詳細に論じ、比較法学という独立の学問分野を打ち立てたことを指摘できる。

(2)　杉山の比較法方法論は、比較法的実証観察（法制の選択、外国法の実質の探求、外国法制間の比較、自国法との比較）と、理想法の構成（法律構造の再編、自国法の同化）という二段階のプロセスを、自国法の進歩の見地から行う比較国法学的アプローチから出発した。この比較法的実証観察の段階で、ランベールの「立法共通法」の構想が活用されるが、杉山のいう比較法の「共通法機能」とは、「優秀法」を指示して、それに倣った理想的国法を構成し、世界法（世界の大勢に順応した共通法則）の形成を促すものであるから、杉山の方法論には当初から（自国法の進歩という視点を超えた）世界法・普遍法の構想が取り入れられていた、と考えられる。比較法の方法についての精緻な分析とともに、その学問的視野の広さに驚嘆せざるを得ない。[5]

4　比較世界法学の体系

(1)　第二の功績として、杉山は、実定法の進歩を目的とする比較世界法学に立脚し、比較法学の綜合的体系化をこころみた（その成果をフランス語で世界的比較法学者ランベールへの献呈論集に発表した）。

(2)　杉山によれば、比較法学とは、人類連帯の理念を基礎とし、内外の多様な法の体系的比較実証（例えば、法系別の比較）と、それを超えた自律的比較方法（条約やモデル法に及ぶ比較立法、比較による科学的自由探求の解釈、生ける

---

4)　貝瀬・前掲注 2) 書 226 頁。杉山「比較法の綜合的体系」法律時報 10 巻 10 号（1938 年）4 頁、杉山『法源と解釈』（有斐閣、1957 年）385 頁。
5)　貝瀬・前掲注 2) 書 227 頁。

超国家法の比較慣行）によって、各国法と世界法の共栄ならびに人類普遍の正義平和の法の発展を促す「独立の目的論的規範法学」にして「渉外法学の一分科」なのである。

(3) 杉山が提唱する比較法学の綜合的体系は、法族論に必ずしも重点を置いておらず、比較法研究のための一般的準備作業として法族論を位置づけたままに終わった。これは、杉山が理想的自国法の構成に傾く比較国法学から出発し、比較の対象に世界法を加えた普遍比較法学へと自説を発展させていったことから、分類学に対する関心が希薄だったためであろう。比較国法学の場合は、優秀法・共通法の発見が主たる関心となるし、普遍比較法学においては、超国家法が重視されるのである。

ただし、杉山が構想した比較法研究所は、①比較法の綜合的体系の研究、②英米法系の比較研究、③ラテン法系の比較研究、④ゲルマン法系および東欧北欧法系の比較研究、⑤東洋法の比較研究、⑥新日本法に関する比較研究の六部門から組織されており、杉山の法系・法族論を反映しているといえよう。[6]

5 比較法的解釈方法

(1) 杉山の生前に刊行された唯一の比較法論文集が『法源と解釈』[7]と題され、その巻頭に、代表作の一つ「明治八年布告第百三号裁判事務心得と私法法源」が収められていることからわかるように、第四の先駆的業績として、杉山はジェニーに代表される科学的自由探求の解釈方法論を比較法学に導入し（比較解釈方法。フランス法学者でもあった杉山の独壇場である）、比較による「隠れた実存世界法の実証」および「文明諸国に共通の法の一般原則の定立」を核心とする比較法原論・比較解釈研究を確立しようとした。

(2) 杉山によれば、形式法源の欠缺を理由に前掲「明治八年布告第百三号」第三条の条理裁判がなされる場合には、科学的自由探求による新自然法が適用される。杉山は、渉外的法律関係の準拠法を決する形式法源（旧法例）に欠缺が見られる場合には、国際私法的自然法（世界法的原理）に従って

---

6) 貝瀬・前掲注2) 書227-228頁。
7) 前掲注4) 参照。

準拠法が決定されるとする。杉山のいう「新自然法」（条理）は、①統一（条約）法、②世界慣習法、③「各国共通の傾向を示す所の立法、判例、学説……を歴史所与、理想所与殊に合理所与にて濾過せるもの」（文明諸国民に共通の法の一般原則ないし世界私法法源）、の三層から構成される内容であって、周到な比較研究により実証される。

（3）　なお、杉山は、自らの基本的立場を表す用語として、「世界法・比較世界法（学）」、「普遍法・普遍比較法（学）」、「人類連帯的比較法（学）」などを活用するが、人類連帯を基本理念とし、自国中心主義と普遍主義との適切な調和をはかる「相対的普遍主義」に立脚した普遍比較法学が、とりわけ「明治八年布告」論以降の杉山理論の根幹をなすといえよう[8]。

6　各論的研究

（1）　杉山の第五の功績として、比較法学の充実した膨大な各論的研究を、「自国法の進歩」ないし「自国法と普遍法の調和」という視点から完成したことが挙げられる。

（2）　杉山の初期の大作『現行有限責任会社法』および『有限責任会社法の立法的普及』は、ドイツ、オーストリア、スイス、イタリア、フランスに及ぶ詳細な複眼的比較法研究を通じて、現代会社法上の「文明人類共通法」を探ろうとするこころみである。また、杉山晩年の大作「イラン石油国有化法の国際的効力」は、所有権尊重原則が、人類共通法すなわち国連法体系に属する普遍的公序であることを普遍比較法学の見地から検証し、正当な補償を伴わない国有化措置は、かかる普遍的公序に反し無効である、と説く。これも、人類連帯を基礎とする普遍比較法学の基礎理論の具体化をめざした労作である。

杉山は、田中耕太郎の『世界法の理論』を高く評価しつつも、自らの普遍比較法は、解釈による「実存世界法規」の発見などの実践的側面を重視する、と強調していたのである。

（3）　以上の複眼的比較法を駆使した雄編のほかにも、もっぱらフランス法

---

8)　貝瀬・前掲注2)書228-229頁。

を比較の対象とした「附合契約の観念に就て」、「東京市佛貨公債訴訟意見書」、「佛蘭西新鉱業法」、『契約法則より観たる九国条約の効力』があり、比較法基礎理論との関連性の強弱はさまざまである[9]。

7　比較法研究所の構想

(1)　さらに、普遍比較法学・比較世界法学の実践的側面を重視した杉山は、比較法を含む「渉外私法学」の組織的研究を推進する「比較法研究所」の構想を提示し、戦後は、日本比較法研究所の運営という形でこれを具体化した。杉山の提唱する比較法研究所は、外国法の調査によって「日本法の内面的充実」をはかるだけの存在ではなく、「世界法共同作業」への参画、比較立法・比較解釈研究、国際法曹の養成などの「日本法の外延的伸長」や世界法の向上をも課題とする、高度の専門的常設組織なのである。

(2)　しかしながら、比較法研究所を六部門に分かつ杉山の提案は日本比較法研究所の規則からは削除され、1973年には、高弟野田良之によって「こうした本格的組織をもつ比較法研究所が日本に少くとも一つは存在すべきであり、それが画餅に帰したことは何といっても惜しい。……現実に合わせたのであろうが、理想を失ったことは遺憾である。現在の日本比較法研究所の組織・運営は杉山時代に比して、質量ともにかなり小規模化し、世界的活動は望み難い」と厳しく批判された。

(3)　比較法学者・外国法学者・国際法曹の本格的養成を推し進めるとともに、人類連帯思想に立脚した杉山の詳細なプランが、今こそ再評価されるべきである。杉山の名編「比較法研究所創設の要望」は、わが国における最も充実した比較法研究所論である[10]。

8　比較法の定義

最後に、杉山による比較法の定義を掲げておこう。わが国における比較法の定義として、最も精緻で完成されたものといってよいであろう。

---

9)　貝瀬・前掲注2)書227、229-230頁。
10)　貝瀬・前掲注2)書230頁。杉山「比較法研究所創設の要望(1)(2)」法学協会雑誌53巻8号・53巻9号（1935年）。

「比較法学とは、人類連帯の理念を基礎とし、自国の内外に存在する法の体系的比較により、各国法との一定の調和をはかりつつ、普遍法・世界法を精密化することを目的とする、科学であると同時に技術の性質を有する法学の一分野である」(1934年)。「比較法とは、連帯原理に立脚し、国の内外にわたる共同組織化機構を基盤とし、価値あるもろもろの法秩序ないし法体系の比較実証に出発し、法の本質原理を探求し、現在各国の主権本位的特自法（国家法）を是正し、それぞれの社会生活上妥当する限りにおいて、人類普遍の正義平和の法の発展を促し、法の特殊性と普遍性との調和を図り、諸民族の共同福祉の増進に貢献することを理念とする、独立の目的論的規範法学をいう」(1951年)[11]。

---

11) 貝瀬・前掲注2) 書187-188頁、211頁。とくに、杉山「比較法及び比較法研究所の使命」比較法雑誌1巻1号（1951年）23頁。

事項索引

あ行

アジア……………………………………57
　──法……………………………………96
　──法文化………………………………69
アフリカ……………………………56, 64, 82
　──慣習法………………81, 101, 137, 139
　──法………………………69, 81, 136, 162
　──法の共通性………………………138
アメリカ……………………56, 90, 91, 93, 148
　──における比較法…………………167
　──比較法協会（American Society of Comparative Law）……………………170
　──比較法雑誌………………………170
　──法律家協会（ABA）…………163, 169
　──法律協会（ALI）………………26, 31
アラブ諸国………………………………57
アングロ＝ヒンドゥー法…………122, 124
イギリスにおける比較法……………163
『イギリス法とフランス法──その実質の一つの比較』（R. ダヴィッド）…………61
生ける法…………9, 11, 34, 37, 55, 127, 141
意見書（conclusion）……………………28
移行・転換期の法………………………67
移行中のシステム………………………105
移植／継受………………84　→法の継受
　──の比較法………………………83, 95
移植法……………………………………120
イスラーム………………………………64
　──金融（Islamic Finance）………132
　──法……………66, 133, 134, 135, 165, 166
　──法伝統………………………………74
　──法文化………………………………69
イタリア………………………………90, 92
　──における比較法…………………160
　──比較法学会………………………161

『一般法理学』…………………………23
イデオロギー……4, 5, 62, 69, 112, 116, 130, 172
移転された法とローカルなコンテクストとの「適合」（fit）…………………………88
イベロ・アメリカ主義…………………174
イラン革命………………………………134
インド……………………………85, 90, 91, 93
　──憲法………………………………125
　──的公益訴訟………………………125
　──離婚法……………………………125
インドネシア……………………………58
ウィーン統一売買法…………………159
ヴェーダ法………………………………122
影響（influence）………………………84
英国国際法・比較法研究所（British Institute of International and Comparative Law）…166
エクイティ………………………………40
エチオピア………………………………56
エラスムス／ソクラテス・プログラム………33
オーストラリア………………………91, 93
『オックスフォード比較法ハンドブック』（M. ライマン／R. ツィンマーマン編）…153, 170
オートポイエーシス（autopoiesis）…………118
親法…………………………………………75
オリエンタリズム………………………150
　→法的オリエンタリズム
穏健な機能的比較法……………………43

か行

「改革的伝統」（reformist tradition）………161
外国法…………………11, 17, 18, 20, 30, 50
　──の適用………………………………29
　──への自発的・任意的依拠……………28
　──への浸礼・没頭（immersion）……13, 44
カイザー・ヴィルヘルム外国私法および国際私法研究所………………………………158

開発・発展と移行の法 ……………65, 67
科学的自由探求 ……………155, 177, 178
書かれた理性 ………………………54
隠れた混合 ………102, 104, 105, 110 →混合法
隠れた法 ………………………138, 139
カーヌーン（quanun）………………134
カノン法 ………………………54, 128
韓国 …………………………143, 144, 145
慣習 …………………………………11, 123
――法 …………34, 54, 124, 139, 140, 141, 153
――の時代 ………………………53
基礎法学 ……………………………9
機能主義 …………………37, 44, 150
――と普遍主義 ……………………142
機能的等価性 ………………………43
機能的比較法 ……5, 9, 14, 37, 38, 39, 42, 46, 133, 136, 151, 158, 159
機能的類似性 ………………………39
規範的情報 ………………………71, 72
規範的多元主義（normative pluralism）……24
規範的目的による比較 ……………46
規範的論拠（a normative argument）……26
公信の原則 …………………………38
共産主義 …………………………171, 172
共通の核心（common core）…17, 25, 161, 163
共通の比較のスキーム ……………40
共通法 ………………………………22
共通ヨーロッパ法学 ………………156
共通立法 ……………………………37
クラス・アクション ………………174
グローカリゼーション（glocalization）……120
グローバリゼーション ……5, 14, 23, 24, 29, 43, 62, 63, 73, 95, 112, 115, 116, 117, 119, 120, 126, 132, 146, 163
――と比較法 ……………………115
グローバル・ガヴァナンス ………117
『グローバルなコンテクストにおける比較法』（W. メンスキー）…………112, 119, 127
グローバルな法多元主義 …………118
グローバル比較法 …7, 15, 70, 112, 115, 133, 141
グローバル・ヒストリー ……………148
グローバル・ローの多元化 ………118
『経済と社会』（M. ヴェーバー）………10
啓示法 ……………………………130

継受 …………………………………160
――元（母法国）……………………83
――法 ………………………………27
「系図」的アプローチ（a 'family trees' approach）・系図理論 …75, 76, 101, 105, 108
形成期（Formative Era）における比較法 …167
契約の解除 …………………………41
ケッツ『ヨーロッパ契約法』………160
ケベック ……………………56, 90, 93, 94, 96
権原保険会社（Title Insurance Companies）
 ……………………………………38
言語 ……………………78, 141 →法言語
言説（discourse）としての法 ………44
現代ヨーロッパ法文化 ……68, 82, 109
『ケンブリッジ比較法コンパニオン』（M. ブッサーニ／U. マッテイ編）……………142
後期古典ヒンドゥー法 ……………122, 123
公式法・非公式法 ……………120, 128, 138
公法と私法 …………………………58
国際私法上の「性質決定」（Qualifikation）…30
国際私法と比較法 ……………………29
国際商事仲裁 ………………………25
国際（商事）仲裁における商人法 ……116
国際通貨基金（IMF）………………95
『国際倒産法序説』（貝瀬幸雄）………25
国際法源 ……………………………35
国際民事訴訟原則 ……………………31
国際民事訴訟法 ………………25, 175
国民国家 ……………………116, 141
国連国際商取引法委員会（UNCITRAL）
 …………………………31, 32, 87, 94
コスモポリタン国家論 …………70, 113
コスモポリタンな学問（a cosmopolitan discipline）……………………………4
コスモポリタン法 …………………142
古代法（Ancient Law）………………164
国家法 ……………10, 11, 24, 118, 123, 128, 129
――中心的（機能的）比較法 …6, 7, 126, 151
古典的比較法学 ……………………6
古典ヒンドゥー法 …………………122, 123
コモン・ロー ……28, 37, 38, 40, 41, 57, 67, 92, 98, 147, 155, 161, 167, 174
――族 …………………………50, 52, 69
――とシヴィル・ロー ……34, 61, 62, 64, 65,

67, 75, 76, 77, 80, 81, 96, 108, 126, 166
　　──の伝播……………………………85
固有の比較………………………………41
固有法（personal laws）……98, 120, 125, 145
コーラン ………………………………40, 134
根元法……………………………………13, 113
混合法 …57, 65, 67, 74, 88, 89, 96, 101, 105, 166
混合法域（mixed jurisdictions）
　………………………………56, 75, 100, 106
　　──世界会議……………………………99
　　──法律家世界学会 …………………100
混合法システム（mixed legal systems）……50,
　82, 86, 98, 99, 100, 105, 106, 148
コンテクスト比較法（Kontextuelle Rechtsvergleichung）………………………………15
コントロールされた普及主義……………25
根本規範………………………………130

さ行

『裁判所と比較法』（M. アンデナス／D. フェアグリーヴ編）………………………29
雑種性 ……………………75, 76, 81, 82, 99
サブ・サハラ法伝統 ………………74, 136
「サラダボール」タイプ（mixing bowl type）
　………………………………………………101
参審制………………………………………79
サンタ・クルス（Santa Cruz）民法典・商法典
　………………………………………………174
シヴィル・ロー …………………67, 98, 147, 167
　　──（ヨーロッパ大陸法）伝統 …………19
　　──とコモン・ロー………67, 75, 108, 166
　　→コモン・ローとシヴィル・ロー
『シヴィル・ロー伝統──ヨーロッパ、ラテン・アメリカ、東アジア』（J. H. メリマン／D. S. クラーク／J. O. ヘイリー）…………167
『シヴィル・ローにおけるネグリジェンス』（F. H. ローソン）………………………………166
自国法中心主義 …………………………14, 25
自国法と普遍法の調和 …………………179
自然法 ………………………2, 28, 35, 59, 119, 168
　　──学派 ……………………………53, 55, 56
四大文化族………………………………69
私法の規制的機能（regulatory function）…117
社会主義…………………………………171

　　──比較法学 ……………………………172
　　──法 ……………………………147, 171
　　──法族…………………………60, 63, 65, 69
社会人類学 …………………………………140
社会法学研究（socio-legal studies）…………10
社会法学的比較法（socio-legal comparative law）………………………………………12, 45
シャーストラの法（shastric laws）…………93
シャリーア ………………66, 132, 133, 134, 135
宗教法……………………4, 49, 126, 128, 129, 134
　　──と国家法との比較可能性…………130
　　──と世俗法 ………………………130, 133
儒教 …………………………………………143, 144
　　──的コモンウェルス ………………143
　　──的伝統 ………………………………146
　　──倫理 …………………………………145
シュレジンジャー『比較法』………63, 67, 142
証人群による証明（enquête par tubes）…54
商品売買法…………………………………158
情報としての法……………………………74
条約の解釈…………………………………30
条理裁判……………………………………178
植民地………………………………………164
　　──時代 ………………………………137
書面主義的訴訟手続………………………54
自律的比較方法……………………………177
素人裁判官…………………………………79
人権法（Human Rights Act of 1998）………94
進行中の混合 ……………102, 104 →混合法
新自然法 ……………………………122, 176, 178
人類学的方法論……………………………137
人類普遍法…………………………………176
人類連帯的比較法……………………176, 179
スイス法……………………………………92
垂直的比較…………………………………157
枢密院（Privy Council）……………………164
数量的（numercial）比較法………………44
スコットランド ………………89, 92, 94, 96
スターリン主義……………………………171
スペイン法…………………………………173
西欧法………………………………………66
　　──の単一性（unity of western law）……60
「正義、衡平、良心」（justice, equity and good conscience）………………………………90, 124

正義へのアクセス……………………………22
政治的な法（political law）………………139
政治的法の支配 ………………64, 65, 110
制定法（statute）…4, 17, 34, 37, 40, 53, 59, 60, 66
　　　──主義………………………………37
　　　──主義と判例法主義…………………62
　　　──とその解釈…………………………79
　　　──の時代………………………………53
制度（institutions）………………73, 77, 111
成文法 ……………………………………141
西洋（西欧）法伝統 ……65, 74, 81, 109, 146, 147
　　　──と慣習法の混合…………………82
西洋法・西欧法（western law）…52, 62, 81, 133
西洋法族 ………………………109, 128, 148
西洋法文化 ………………69, 108, 109, 110
世界銀行 ……………………………87, 95
『世界の主要法体系』（R. ダヴィッド）……51, 58, 61, 62, 155, 171
『世界の諸法伝統』（P. グレン）…22, 43, 72, 127
世界法 ……………………………177, 178, 179, 181
世界貿易機構（WTO）………………………7
『世界法の理論』（田中耕太郎）………………179
先端法学研究所（Institute of Advanced Legal Studies）………………………………166
セント・ルイス法律家万国会議 ……………168
専門家的法（プロフェッションの法）の支配
　　　………………………………64, 65, 108
先例拘束性の原理（precedent）………34, 79, 92
先例との区別（distinguishing）……………59
ソヴィエト比較法学 …………………………171
相対的理想法……………………………………28
訴訟嫌い（non-litigious）……………………146
ソフト・ロー………………………23, 94, 156, 163

た行

大英帝国の植民地政策 ………………………165
第三の法族 ………………50, 97, 100, 101, 105
大陸法と英米法…………………………………62
　　→コモン・ローとシヴィル・ロー
多価的思考方法 ……………………………72, 111
多言語主義…………………16, 17, 107　→法言語
多元主義 ………24, 64, 99, 124　→法多元主義
多元性重視モデル ……………………………121
凧型モデル（kite model）……………………122

他者性の尊重 …………………………………117
単純な混合……………………101, 102　→混合法
チェコ……………………………………………94
中欧および東欧における比較法 ……………170
中華思想（Sinocentrism）……………………144
中国 ………………58, 67, 90, 92, 93, 143, 144, 148
　　　──の法文化………………………………81
　　　──法………………………………142, 149
注釈学派 ………………………………55, 155
『中東法入門』（C. マラー）…………………133
チュニジア………………………………………91
超国家的な法／トランスナショナル法 ……7, 12, 23, 35, 36, 178
調停 ……………………………………………109
チリ民法典 ……………………………………174
抵触規範…………………………………………30
適応可能性（fit）……………………………106
伝統的法の支配 ……………………64, 66, 110
伝統法 …………………………………………136
デンマーク………………………………………92
ドイツ……………………………………………94
　　　──債務法改正…………………………159
　　　──における比較法……………………157
　　　──法…………………………………160, 166
　　　──民法典………………………………157
　　　──歴史法学派 ………19, 22, 90, 168
統一法 ……………………………………37, 42
道具主義者………………………………………87
当事者対抗主義…………………………………98
東洋法伝統（Eastern legal tradition）………67
特定履行（specific performance）……………41
ドグマ的比較法 ………………………………9
独立科学としての比較法 ……………………155
トップ・ダウン・モデル………………………76
トライアル………………………………………31
トラスト ………………………31, 95, 106, 128
トランスナショナルな規範 ……………116, 118
　→超国家的法／トランスナショナル法
トランスナショナルな担い手（transnational actors）…118　→法の担い手（legal actors）、法秩序の造形者、法名望家
トランスナショナルな非国家法 ………128, 133
トランスナショナル比較法 ………6, 7, 126, 151
トルコ ……………………………………57, 92, 94

トレント・テーゼ（Theses of Trento）……162

な行

ナチズム ……………………………………158
ナポレオン法典 …………61, 157, 160, 173, 174
　──前の比較法 …………………………153
波モデル（wave model）・波理論…76, 101, 105
南東アジア………………………………………82
南北戦争 …………………………………168
日本 ………………58, 64, 67, 82, 95, 143, 144, 145
　──比較法研究所 ………………………180
　──法 ………………………………68, 109, 110

は行

陪審および治安判事………………………………79
ハーヴァード・ロー・スクール …………………168
ハーグ国際私法会議………………………………87
ハディース …………………………………134
ハーモナイゼーション …………32, 107, 108
　→法のハーモナイゼーション
パラダイム …………………………………69, 112
パリ最高法院………………………………………54
パリ比較法国際会議 …………………………7, 32
汎アメリカ主義 ………………………………174
ハンガリー ……………………………170, 171, 172
パンデクテンの現代的慣用………………………53
判例法 ………………………………………4, 34
　──主義 ……………………………………37, 49
比較
　──解釈方法 ………………………………178
　──学 …………………………………………8
　──家族法 ………………………………131
　──可能性 ……………………………37, 46, 130
　──憲法 …………………………151, 163, 172, 175
　──公法学 …………………………………50
　──国法学 ……………………………177, 178
　──人類連帯法学 …………………………176
　──世界法学 ………………………………177
　──対象の認識・理解・比較・評価………40
　──抵触法（comparative conflicts law）…30
　──の意義 …………………………………8
　──の三段階モデル…………………………39
　──の第三項（tertium comparationis）…8, 37, 42

──の対象…………………………………37
──の目的 …………………………42, 46
『比較契約法論（Il Contratto）』（G. ゴルーラ）
………………………………………………161
比較法
　──学（Comparative Legal Studies） ……7
　──学の独立科学性……………………21
　──学会（Gesellschaft für Rechtsvergleichung）……………………………………159
　──研究所 ………………26, 157, 178, 180
　──研究の包括的方法論…………………47
　──言語学 ………………………15, 80, 111
　──原論 ……………………………………5
　──国際アカデミー ……………………155
　──国際会議 ………………86, 159, 176
　──史（comparative legal history） ……19, 21, 39, 107
　──社会学 ………………………9, 10, 12
　──的解釈方法 ……………………27, 178
　──的実証観察 ……………………………177
　──と経済学 ………………………87, 163
　──と混合法 ……………………………105
　→混合法
　──と私法のヨーロッパ化…………………32
　──と宗教 …………………………………126
　→宗教法
　──とヒューマニズム ……………………1
　──と法社会学…9, 26 →社会法学的比較法
　──における法人類学 ……141 →法人類学
　──の「共通法機能」……………………177
　──の組織化 ……………………………168
　──の定義 ……………………………3, 180
　──の方法……4, 37, 177 →機能的比較法、機能的方法
　──の目的……………………………………20
　──の理論的目的（学問的効用）…………21
　──文化論 ……………12, 14, 37, 39, 68, 70, 74, 117
　──方法論の多元性（methodological pluralism）……………………………………42
『比較法言語学（Comparative Legal Linguistics）』（H. E. S. マティラ）………………16
『比較法国際エンサイクロペディア』……8, 22, 24, 159, 170
『比較法　第 2 巻　比較法の方法』（L.-J. コン

スタンティネスコ)·····················39
「比較法の課題と必要」(E. ラーベル) ······158
「比較法の綜合的体系」(杉山直治郎)········177
『比較法ハンドブック』(五十嵐清)·············5
比較方法 ·····························5, 6, 116
比較法理学 ·····················77, 78, 80, 111
比較民事訴訟法 ······················22, 163
『比較民法概論』(R. ダヴィッド)··············62
比較立法 ·························26, 164, 177
　　──協会 (Société de législation comparée)
　　··································155
　　──協会 (Society for Comparative
　　Legislation)·······················164
東アジア文明 ························144, 145
東アジア法 ····························81, 146
東アジア法系 (法族)·····················147
東アジア法伝統 ············74, 142, 143, 146
東アジア万民法 ······················143, 145
非規範的目的による比較 ············46, 142
非国家法 ································23, 72
非西欧法 ······················5, 119, 165
否定的比較法 (negative comparative law)···44
人治·····································149
批判的比較法··································44
批判的法学研究·······························162
評価 ···································4, 5, 41
ヒンドゥー家族法 ·························124
ヒンドゥー慣習法 ·························123
ヒンドゥー法 ······66, 122, 124, 125, 126, 100
ファトワー (fatwas)·················132, 134
フィクフ (fiqh)·····················130, 134
フィールド法典 ························91, 168
風変わりな・非正規の諸地域 (extraordinary
　　places)···························115
複雑な混合 ········82, 101, 102, 110　→混合法
附合契約 ······························180
普通法 ·························1, 2, 85, 134
不動産譲渡 (conveyancing)··············38
普遍主義·····································44
普遍的解釈方法·····························159
「普遍的解釈方法としての比較法」(K. ツヴァ
　　イゲルト)···························27
普遍的法一般原則 ·······················176

普遍比較法 (学) ··················112, 178, 179
普遍法 ·······························142, 181
ブラジル ·································173
　　──民法典 ···························174
フランスにおける比較法 ·················154
『フランス法概論 上巻』(野田良之)·········18
フランス法文化······························18
フランス民法典 ·······················85, 155
プリトライアル······························31
ブルジョワ法······························171
プロイセン一般ラント法·····················157
フローティング・チャージ·················106
プロレタリア法 (社会主義法)················171
文化的寛容·································25
文化的浸礼・没頭 (cultural immersion) ···13,
　　44
分析法学·································164
文明人類共通法·····························32
平和の比較法 ·······················113, 176
ペルー民法典 ·······················174, 175
弁護士の専門化·····························78
法移植 ····························26, 39, 43, 84
　　──の担い手 (legal actors)········87, 88
　　──論 ···························106, 162
『法移植論』(A. ワトソン)·················83
法外在的要素 ·······················14, 40
法解釈方法論 (legal methodology) ·······34, 69
法学教育·································162
法学方法論 ·······················112, 120
法観念 ·······················12, 69, 112
法規の院判決 (arrêts de règlement)·········54
法規範·································77
法継受の原因·································86
法系論·······················49　→法族論
法源 ·······4, 33, 35, 46, 52, 59, 62, 69, 72, 112
法言語 ·······························15, 162
『法源と解釈』(杉山直治郎)·················178
法源としての慣習 ·······················125
法源のヒエラルヒー·······················40
法圏論·······················49　→法族論
法史学·································17
法実証主義·····························55, 119
法シノロジー (legal sinology) ·············63
法社会学·································26

事項索引　189

法人類学 ……………11, 15, 101, 139, 141, 162
法人類学的・法社会学的アプローチ ………142
法整備支援（legal cooperation）………95, 147
法前提 ……………………………………120
法曹法 …………………………60, 66, 130
法族形成の歴史……………………………53
法族の分類基準……………………………52
法族論 …………………22, 49, 51, 71, 178
　　――に対する批判 ……………………50
　　――の限界 …………………………80
　　――の存在意義 ……………………107
法多元主義（legal pluralism）……10, 11, 14, 44, 45, 46, 88, 92, 100, 103, 112, 119, 120, 122, 123, 125, 133, 140, 141, 151
　　――的グローバル比較法 ………6, 126, 151
　　――の非西欧的パタン ……………120
法治主義政治（nomocracy）……………134
法秩序の造形者 …………………………109
　　→トランスナショナルな担い手、法の担い手（legal actors）、法名望家
法的安定性・確実性（legal certainty）………78
法的遺伝学（legal genetics）…………49, 108
法的オリエンタリズム（倫理的比較法）………142, 148, 149, 151
法的寛容 …………………………………108
法的推論（legal reasoning）………………79
法的素粒子 …………………………39, 40
法的認識の深化・視野の拡大 ……………21
法的フォルマント（legal formants）……20, 36, 136, 161, 162
　　――の多元主義 ………………………64
法的文化移転（legal transculturation）………87
法的文化的適応（legal acculturation）………86
法的翻訳 …………………………………162
法的ルール ………………………………80
　　――の「解釈」………………………59
法典 ………………………52, 55, 56, 60, 66, 127
法伝統 ……12, 15, 19, 50, 51, 71, 74, 77, 109, 110, 111, 143,
　　――相互間の調和 ………………73, 111
法と開発（Law and Development）……11, 87, 169
法と金融（Law and Finance）……………87
法と経済学 ………………………………162

法における恒常的要素……………………52
法の一般原則 ………………………176, 178
法の一般理論………………………………23
『法の概念――比較法的、法理学的、社会科学的パースペクティヴ』（S. P. ドンラン／L. H. ウルシェラー編）…………………………24
法の機能……………………………………59
法の共通原則………………………………29
法の継受 ……………………83, 108, 109
法の国際的統一 ……32, 165, 166　→法のハーモナイゼーション
法の差異 …………………………………120
法の三分モデル（tripartite model of law）………………………………………………120
法の三類型論 …………………………63, 68
法の支配 ……………134, 135, 146, 148, 149
法の自律性 ………………………………78
法の定義 …………………………………11
法の伝播（diffusion）……119　→法の移植、法の継受
法の担い手（legal actors）……77, 80, 111　→トランスナショナルな担い手、法秩序の造形者、法名望家
法のハーモナイゼーション ……14, 25, 31, 159
法の理念のルネサンス……………………54
法の流通（legal circulation）…83　→法の継受
法発展 ………………………………19, 22
法文化 ………………12, 13, 15, 69, 74, 77, 95
　　――横断的比較 ……………………112
　　――族 ………………………………112
『法文化と法移植（法文化的適応）』（J. A. S. コルデロ）……………………………………89
法文化のアイデンティティ原理 …………120
方法論的多元主義 ……39, 46, 47, 113, 126, 142, 151, 162
法民俗学 …………………………………157
法務官（Advocates-General）…………16, 28
法務官僚 …………………………………109
亡命比較法学者……………………………17
法名望家 ……………………10, 34, 73, 111　→トランスナショナルな担い手、法秩序の造形者、法の担い手（legal actors）
法律委員会（Law Commissions）………26
法律家の共通の意見（communis opinio

doctorum) ……………………………54
ポーランド ……………………………171
北欧法……………………………………65
ポスト古典ヒンドゥー法 …………122, 123
ポスト世俗的家族法 ……………………131
ポスト世俗的比較法 ………………127, 129
ポストモダニズム …………………17, 44
ポストモダン比較法……………………44
母法 …………………………27, 49, 107
ポルトガル ……………………………173
香港………………………………………90

ま行

マイノリティ……………………………72
マグレブ…………………………………91
マクロの比較 ……3, 17, 37, 49, 64, 76, 80, 107, 111, 126, 127, 136
マックス・プランク外国私法および国際私法研究所 …………………………30, 158, 159
マルクス主義法理論 ……………………171
ミクロの比較……3, 13, 37, 39, 41, 108, 113, 126, 136
三つの比較法 ……………………133, 151
南アフリカ ……………………………106
南アフリカ連邦…………………………57
ミュート・ロー（mute law）………137, 162
民法典 …………………………………55, 171
――とその伝播…………………………85
ムラーバハ（murabaha）………………132
メジェッレ ……………………………135
メンタリティ……………………………42
モデル法（soft law）………………31, 177

や行

約因（consideration）………………38, 106
ユス・コムーネ（普通法）………32, 55, 75
ユスティニアヌス法典 …………………52, 53
ユダヤ法伝統……………………………74
ユマニスト ……………………………154
ユーラシア・インスティテュート・プログラム
　……………………………………169
様式（Stil）………………4, 5, 10, 34, 42, 159
ヨーロッパ家族法 ……………………131
『ヨーロッパ契約法』（H. ケッツ）………33
ヨーロッパ契約法原則 ………………23, 32
ヨーロッパ司法裁判所…………………29
ヨーロッパ私法のハーモナイゼーション……33
　→法のハーモナイゼーション
ヨーロッパ人権条約 ……………………78, 104
『ヨーロッパの法的発展――不法行為の場合』
　（D. イビットソン／J. ベル）…………19
ヨーロッパ比較法学者…………………156
ヨーロッパ法学…………………………29
ヨーロッパ民事訴訟法史………………20
ヨーロッパ民法典 ……………………32, 33
ヨーロッパ連合（EU）…………7, 16, 69, 172
ヨーロッパ連合（EU）指令（directives）……16, 172

ら行

ラディカルに異なる法観念 ………63, 68, 109
ラテン・アメリカ………………………91
――およびカリブ法伝統………………74
――における比較法 …………………173
ラーベル比較法雑誌 ……………………158
リーガル・プロフェッション…………78
――のグローバル化……………………11
理想法の構成 …………………………177
利息禁止・投機禁止・賭事禁止 ………132
立法共通法 ……………………7, 155, 177
立法における比較法の指導および監督機能…26
立法のための比較法 …………………26, 157
理念型（Idealtypus）……………………8, 11
倫理的比較法（ethical comparative law）…150
ルイジアナ ……………………56, 91, 96, 107
類似性の推定（praesumptio similitudinis）…38, 43
類似点と相違点 ………………4, 8, 41, 42, 46
ルネサンス………………………………53
ルーマニア………………………………94
歴史叙述としての民事訴訟……………20
歴史哲学…………………………………18
歴史法学…………………………164, 165
歴史法学派………………………………157
ローカルな法文化………………………117
ロシア …………………………90, 91, 92, 170
――法族…………………………………52
ローマ＝ゲルマン法族……50, 51, 52, 55, 56, 57,

60, 61, 69
ローマ統一私法国際研究所（UNIDROIT）…31,
　32, 87, 94, 155, 163, 166
ローマ法 ……………………53, 54, 56, 166, 167
ローマ法系オランダ法（Roman-Dutch law）
　………………………………57, 99, 164, 166
ローマ法の継受 ……………………54, 83, 84

人名索引

あ行

アインテマ（E. Yntema）·················1, 2
アスカレリ（T. Ascarelli）············160, 161
五十嵐清 ··················4, 5, 51, 110, 147
イビットソン（D. Ibbetson）··················19
ヴァルガ（C. Varga）························112
ウィグモア（J. Wigmore）····················169
ヴィノグラードフ（P. Vinogradoff）···163, 164
ヴェーバー（M. Weber）······8, 10, 11, 64, 119
ヴェレス＝サルスフィエルド（D. Vélez Sarsfield）······························174
ウォールトン（E. P. Walton）·············165
エイモス（S. Amos）·······················165
エッサー（J. Esser）······················159
エリュジュー（E. Örücü）·····43, 75, 76, 80, 99, 100, 101, 105, 106, 108, 109, 110
大木雅夫 ···································5, 176

か行

カーラン（V. G. Curran）···············16, 17
ガッタリッジ（H. C. Gutteridge）····163, 165
カネヘム（R. C. van Caenegem）····108, 111
カペレッティ（M. Cappelletti）······22, 161, 162
カラマンドレーイ（P. Calamandrei）········161
カルボニエ（J. Carbonnier）················156
キューン（Z. Kühn）···················170, 172
クラーク（D. S. Clark）················167, 169
クラインハイスターカンプ（J. Kleinheister-kamp）·································173
グラツィアデイ（M. Graziadei）······84, 86, 95
グランデ（E. Grande）······················160
グリフィス（J. Griffiths）···················140
グレイヴソン（R. H. Graveson）·············166
グレン（P. Glenn）······22, 43, 51, 70, 71, 72, 73, 74, 75, 95, 109, 110, 111, 112, 119, 127

ケアンズ（J. W. Cairns）··············163, 166
ケッツ（Kötz）······························33
ケメラー（E. von Caemmerer）············159
ケルゼン（H. Kelsen）·················130, 161
ケント（J. Kent）···························168
コーラー（J. Kohler）······················157
コキーユ（G. Coquille）···············153, 154
ゴルラ（G. Gorla）·························161
コルデロ（J. A. S. Cordero）··········86, 87, 89
コンスタンティネスコ（L. -J. Constantinesco）
····························22, 23, 39, 41, 159

さ行

サヴィニー（F. C. von Savigny）········157, 168
サッコ（R. Sacco）······20, 36, 47, 136, 137, 139, 141, 161, 162
サレイユ（R. Saleilles）···27, 28, 32, 55, 155, 176
ジームス（M. Siems）······43, 44, 45, 68, 80, 82, 109, 110, 115, 151
ジェニー（F. Gény）·······················155
シャハト（J. Schacht）····················133
シュヴェンツァー（I. Schwenzer）······131, 157, 160
シュレジンジャー（R. Schlesinger）·········4, 5, 17, 161
杉山直治郎 ···················112, 153, 175
ストーリ（J. Story）·······················168

た行

ダヴィッド（R. David）········18, 24, 33, 51, 52, 53, 54, 55, 56, 57, 58, 60, 61, 62, 63, 71, 155, 171
田中耕太郎 ·································179
ダマシュカ（M. Damaška）··················171
千葉正士 ·····························120, 145
ツィンマーマン（R. Zimmermann）····32, 33,

160
ツヴァイゲルト（K. Zweigert）……4, 5, 9, 27, 55, 159
ツヴァイゲルト／ケッツ（K. Zweigert／H. Kötz）……3, 34, 51, 62, 97, 159
デュ・プレッシ（J. du Plessius）………105, 106
デンティ（V. Denti）……………………162
トイプナー（G. Teubner）………………118
トゥワイニング（W. Twining）……23, 126
ドナヒュー（C. Donahue）………………153
ドローブニヒ（U. Drobnig）……………159

な行、は行

野田良之…………………12, 18, 113, 175, 180
パーマー（V. Palmer）…………97, 102, 112
バーマン（H. Berman）………………127, 128
パウンド（R. Pound）……………167, 168, 169
パシュカーニス（Pashukanis）…………171
ハックスリー（A. Huxley）………………127
ハモンド（W. Hammond）………………168
フィールド（D. D. Field）………………168
プーフェンドルフ（S. von Pufendorf）……154
フェリート（M. Ferid）……………………159
フォイエルバッハ（J. A. Feuerbach）……164
フォゲナウアー（S. Vogenauer）……34, 35, 36
フォバルク＝コソン（B. Fauvarque-Cosson）
…………………………………………154, 156
フサ（J. Husa）………15, 16, 108, 110, 142
ブライス（J. Bryce）………………………164
フレイタス（A. T. de Freitas）…………174
ベヴィラクア（C. Bevilaqua）……………174
ヘッケ（M. van Hoecke）……68, 69, 70, 108, 109, 110, 112
ベッリョ（A. Bello）………………………174
ベネット（T. Benett）……………139, 140, 141
ベル（J. Bell）……………………19, 111, 112
星野英一……………………………………21
ポチエ（R. J. Pothier）……………………154
ポルタリス（J. E. M. Portalis）…………155

ま行、や行

マーキジニス（Markesinis）………………166
マイケルズ（R. Michaels）………127, 128, 131, 132, 133, 136
マッテイ（U. Mattei）……11, 22, 63, 64, 65, 66, 67, 68, 74, 87, 108, 109, 110, 119, 163
マティラ（H. Mattila）……………………16
マラー（C. Mallat）………………133, 134, 135
ミュラー・フライエンフェルス（W. Müller-Freienfels）……………………………159
メイトランド（F. W. Maitland）…………163
メイン（H. S. Maine）……………………164
メリマン（J. H. Merryman）……19, 35, 74, 167
メンスキー（W. Menski）………112, 119, 120, 121, 122, 123, 124, 125, 126, 127, 133
モンテスキュー（Montesquieu）………154, 155
ヤンセン（N. Jansen）………………………8

ら行、わ行

ラーベル（E. Rabel）……17, 30, 42, 158, 159, 169
ライマン（M. Reimann）……………6, 7, 21, 25
ラインシュタイン（M. Rheinstein）……10, 158
ランドー（O. Lando）………………23, 92, 94
ランドマーク（T. Lundmark）………76, 77, 78, 79, 108, 111, 112
ランベール（E. Lambert）………27, 32, 55, 61, 155, 177
リー（R. W. Lee）…………………………165
リーツラー（E. Riezler）……………………25
リーバー（F. Lieber）………………………168
リヴァモア（S. Livermore）………………168
ルスコラ（Ruskola）……74, 142, 143, 144, 145, 146, 147, 148, 149, 150
レヴィ・ユルマン（H. Lévy-Ullmann）……155
ローソン（F. H. Lawson）…………96, 163, 166
リット（H. Watt）…………………………115
ワトソン（A. Watson）…………………83, 87

貝瀬　幸雄（かいせ・ゆきお）立教大学大学院法務研究科教授

1958 年、山梨県生まれ
1981 年、東京大学法学部卒業
1984 年、東京大学大学院法学研究科修士課程修了、同大学法学部助手
法政大学、名古屋大学、東北大学を経て、2007 年から現職

著書
国際倒産法序説（東京大学出版会、1989 年）
国際化社会の民事訴訟（信山社、1993 年）
比較訴訟法学の精神（信山社、1996 年）
国際倒産法と比較法（有斐閣、2003 年）
普遍比較法学の復権（信山社、2008 年）

ひかくほうがくにゅうもん
比較法学入門

2019 年 2 月 25 日　第 1 版第 1 刷発行

著　者——貝瀬幸雄
発行所——株式会社日本評論社
　　　　〒170-8474　東京都豊島区南大塚 3-12-4
　　　　電話 03-3987-8621　FAX 03-3987-8590　振替 00100-3-16
印　刷——株式会社平文社
製　本——株式会社難波製本

Printed in Japan Ⓒ KAISE Yukio 2019
装幀／有田睦美
ISBN 978-4-535-52408-8

JCOPY <（社）出版者著作権管理機構　委託出版物>
本書の無断複写は著作権法上での例外を除き禁じられています。複写される場合はそのつど事前に（社）出版者著作権管理機構（電話 03-5244-5088、FAX 03-5244-5089、e-mail: info@jcopy.or.jp）の許諾を得てください。また、本書を代行業者等の第三者に依頼してスキャニング等の行為によりデジタル化することは、個人の家庭内の利用であっても、一切認められておりません。

日本評論社の法律学習基本図書

※表示価格は本体価格です。別途消費税がかかります

日評ベーシック・シリーズ

憲法I 総論・統治 **憲法II** 人権
新井 誠・曽我部真裕・佐々木くみ・横大道 聡［著］
●各1,900円

行政法
下山憲治・友岡史仁・筑紫圭一［著］ ●1,800円

民法総則［補訂版］
原田昌和・寺川 永・吉永一行［著］ ●1,800円

物権法［第2版］
秋山靖浩・伊藤栄寿・大場浩之・水津太郎［著］ ●1,700円

担保物権法
田髙寛貴・白石 大・鳥山泰志［著］ ●1,700円

債権総論
石田 剛・荻野奈緒・齋藤由起［著］ ●1,900円

家族法［第2版］
本山 敦・青竹美佳・羽生香織・水野貴浩［著］ ●1,800円

民事訴訟法
渡部美由紀・鶴田 滋・岡庭幹司［著］ ●1,900円

労働法［第2版］ ※2月刊
和田 肇・相澤美智子・緒方桂子・山川和義［著］ 予価1,900円

日本の法
緒方桂子・豊島明子・長谷河亜希子［編］ ●1,800円

比較法学入門
貝瀬幸雄［著］ ●2,200円

基本憲法I 基本的人権
木下智史・伊藤 建［著］ ●3,000円

基本行政法［第3版］
中原茂樹［著］ ●3,400円

基本刑法I 総論［第3版］ ※3月刊
予価3,800円

基本刑法II 各論［第2版］ ●3,900円
大塚裕史・十河太朗・塩谷 毅・豊田兼彦［著］

憲法I――基本権
渡辺康行・宍戸常寿・松本和彦・工藤達朗［著］ ●3,200円

民法学入門［第2版］増補版
河上正二［著］ ●3,000円

スタートライン民法総論［第3版］
池田真朗［著］ ●2,200円

スタートライン債権法［第6版］
池田真朗［著］ ●2,400円

■法セミ LAW CLASS シリーズ

基本事例で考える民法演習
基本事例で考える民法演習2
池田清治［著］ ●各1,900円

ケーススタディ刑法［第4版］
井田 良・丸山雅夫［著］ ●3,100円

リーガル・リサーチ［第5版］
指宿 信・齊藤正彰［監修］
いしかわまりこ・藤井康子・村井のり子［著］ ●1,800円

新法令用語の常識
吉田利宏［著］ ●1,200円

〈新・判例ハンドブック〉

憲法［第2版］ 高橋和之［編］ ●物権法：1,300円 ほか：各1,400円

債権法I・II
潮見佳男・山野目章夫・山本敬三・窪田充見［編著］
●I：1,400円
●II：1,500円

民法総則 河上正二・中舎寛樹［編著］

物権法 松岡久和・山野目章夫［編著］

親族・相続 二宮周平・潮見佳男［編著］

刑法総論／各論
高橋則夫・十河太朗［編］ ●総論1,600円 ●各論1,500円

商法総則・商行為法・手形法
鳥山恭一・高田晴仁［編著］

会社法 鳥山恭一・高田晴仁［編著］

日本評論社
https://www.nippyo.co.jp/